子どもにやさしい国をめざして

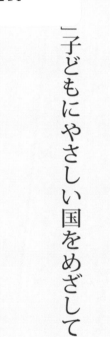

はじめに

本書は、私が厚生労働大臣として傾注した平成28（２０１６）年の児童福祉法抜本改正および29年の改正、その後の令和元（２０１９）年の同法改正および民法等改正の要点とその成立過程をまとめたものである。

最初に申し上げたいのは、日本において児童虐待や社会的養育問題は、いまだに非常に深刻で根深い問題だということである。児童相談所による虐待相談対応件数は年々増え続け、いまや16万件に近い水準に達している。それにもかかわらず、日本の一定人口あたりの保護される子どもの数は、長い間、他の先進国に比べてきわめて少ないままだ。これでは、保護すべきにもかかわらず、児童相談所の対応力不足や現場の不適切な判断などで安易に家庭に戻され、虐待等から逃れられない子どもたちが多数存在し続けているのではないか。

こうした課題を少しでも解決するために、厚生労働大臣を退任した後も、私は一議員としてあらゆる取り組みを続けているが、問題の複雑さ、重大さに比べて国や自治体の対応、さらには社会全体の理解は遅々として進まず、忸怩たる思いを深めている。

このような状況で、なぜ今、児童福祉法等改正の経緯をこうして一冊の本にまとめようと思ったのか？

それは、改正児童福祉法の理念を絶対に後退させないためである。

平成28年の抜本的法改正にあたっては、大勢の医師、学者、施設関係者、自治体関係者、NPO、マスコミ関係者、有志の若手官僚など、思いを一つにする多くの仲間が陰になり日向になり知恵を出して協力してくれたお陰で、閉ざされていた児童福祉の重い扉をなんとかこじ開けることができた。

昭和22（1947）年に戦争孤児対策として施設収容を旨として制定された児童福祉法の基本理念に、初めて「子どもの権利主体性」が明記され、家庭養育と子どもの最善の利益を優先しながら、「社会全体で子どもを育てる」という哲学が謳われるなど、子どもたちのより幸せな生活を支える基本的な考え方がようやく整った。

しかし、法改正だけで子どもたちの暮らしが一変するほど問題は単純ではない。むしろ法改正は、助けを待っている多くの子どもたちに手を差し伸べるための最初の一歩にしかすぎない。法改正のプロセスでわれわれの前に立ちはだかった多くの障壁を思い返せば、今後のさらなる改革の道のりも決して平坦なものではない。声の大きい団体や組織に圧され、法律の条文や厚生労働省の各種「通知」や「ビジョン」の解釈や運用が、当初の理念から曲げられない保証はどこにもない。なんとしてもそのような後退を防ぐには、何気なくみえる法文等の一文字一文字に込められた思いや、最終的な法文等に至る厳しい交渉経緯の勘所を、後世の手がかりとして書き記すことが、子どもたちの将来を救うための責務であると感じたのだ。

また、本書を通じて、政策決定プロセスの現場風景をより多くの方に知っていただき、日本における政策形成の問題や課題についても関心をもっていただければと願う。

永田町・霞ヶ関を支配する政策決定の力学は、非常に複雑で陰密なプロセスが働く。世間では「大臣が命令すれば、どんな法案でもつくれるはずだ」と思っている方もいるかもしれないが、現実はそれほど甘いものではない。私自身、多くの失敗と反省を通じて、このことを学んできた。本音と建て前の使い分け、目に見える抵抗と目に見えない抵抗、修辞・修文段階での骨抜き、組織的根回し、時間切れ作戦、そしてこうした戦術をすべて包摂する複雑な利害関係の調整など。役所の壁の内側ではあらゆる政治技術を駆使して、政治家と事務方の熾烈な議論や駆け引きが毎日繰り広げられている。

だが、児童虐待の問題は、政治家や官僚だけで解決できる社会課題ではなく、社会全体の多方面にわたるプレーヤーの叡智と行動を結集してはじめて乗り越えることが可能になる。きれいごとばかりでは収まらない生々しい政策検討過程の息づかいを、より多くの方々に知っていただくことは、政策づくりの裾野を広げ、より厚みのある市民参加を促すうえでもきっと役立つと信じている。

こうした思いから、本書では、法案をはじめとする公的文書の生成プロセスをできるだけ忠実、かつ詳細に記した。専門的であったり、わかりにくいところも多いかと思うが、できるだけ省略や簡略化、必要以上に平易にすることを避けた。万が一にも将来的に当初の理念から乖離するような事態が生じたときに、その経緯や過程、かかわった人間の思いなどを忠実に記述することは、戻るべき原点として意義があると考えたからだ。今後の課題解決の考察の一助となるよう、できるだけ事実に即して私が学んだことや反省点も記録するように努めた。


平成30（2018）年3月、東京都目黒区の船戸結愛《ゆあ》ちゃん（当時5歳）が虐待によって死亡するという痛ましい事件が起きた。

なぜこうした悲劇を防ぐことができなかったのか。

なぜ政治や行政はもっと果断に問題に光をあてることができないのか。

自戒を込めて、5歳の結愛ちゃんが両親に宛てた手紙を、今一度ここに紹介したい。


パパとママにいわれなくても　しっかりとじぶんから

きょうよりかもっともっとあしたはできるようにするから
もうおねがい　ゆるして　ゆるしてください　おねがいします
もうおなじことはしません　ゆるして

あしたのあさはきょうみたいにやるんじゃなくて
パパとママにやくそくだから　パパとママにみせるってきもちでやるぞ
えいえいおー　おやくそくだから　おねがいね　たのむからね

＊２０１９年９月５日「産経新聞」ＷＥＢ版より抜粋

結愛ちゃん事件をこぞってマスコミが取り上げた時期には、私たちが開催してきた「児童の養護と未来を考える議員連盟」の勉強会に部屋がいっぱいになるほど多くの議員が参加して議論を盛り上げてくれた。しかし、残念なことに現在では、空席が目立つことが増え、継続的に参加してくれている議員は、超党派「児童虐待から子どもを守る議員の会」との合同会議形式をとるようになった後も、数えるほどしかいない。

私たちがすべきことは、一時の同情や世論の盛り上がりを追いかけるのではなく、こんな手紙を二度と子どもに書かせないことである。「真に」子どもにやさしい国をめざすことである。

一連の児童福祉法等の改正は、難産の末に成立させることができた。最終的に国会で「全会一致」で成立するまでの内容に至る難しい法改正のプロセスにおいて、挫けそうになる私を何度も叱咤し、励まし、政策アイディアや直接・間接の応援などで、サポートしてくださった多くの関係者の皆さんに、ここで改めて心からの感謝を申し上げたい。

現在、そして次の世代の子どもたちの幸せと未来を守るのは、私たちの社会の大きな責任である。本書をきっかけに、子どもたちの未来を一緒に考えて行動する仲間が一人でも増えることに期待したい。

塩崎恭久

目次

第1章　子どもたちの未来のために

――児童養護問題を取り巻く課題

児童養護問題への気づき

私が本格的に児童養護問題に取り組む発端となったのは、今から20年以上も前、平成10（1998）年頃に、愛媛県宇和島市の児童養護施設「みどり寮」の理事長だった谷松豊繁氏に「NAISグループで児童養護施設の話を聞いてくれないか」と打診されたことだった。愛媛県は私の地元であり、氏は父の時代から懇意にしていただいている間柄でもあったが、当時、谷松氏は全国児童養護施設協議会（以降、全養協）の第6代会長を務めておられ、その連絡の少し前に、全養協の皆さんと会食しながら施設の子どもたちの抱える課題について多少お話をうかがっていた経緯もあった。

NAISグループとは、当時、社会保障制度などの厚生省（当時）の所管政策に強い関心をもち、年金や介護保険など国民から不安視されていた課題に正面から取り組んでいた根本匠（N）、安倍晋三（A）、石原伸晃（I）、塩崎恭久（S）という4名の衆議院議員の政策集団である。

さっそく実現したその会合で、私たちは児童養護施設に入所している子どもたちの約半数は、家庭での虐待が原因で入所している事実を知り、衝撃を受けた。

その後すぐに、私たちは関心をもっていそうな自民党国会議員に声をかけて、私的勉強会をスタートさせた。そこに厚生省の雇用均等・児童家庭局局長には可能な限り出席してもらうとともに、担当課長には常時参加してもらい、全国児童養護施設協議会や全国社会福祉協議会の関係者の方々にも加わっていただいた。

当初は議員の関心も低く、参加議員数名の勉強会だったが、厚生大臣を歴任された丹羽雄哉先生に加わっていただき、平成15（２００３）年5月に、丹羽先生を代表とする「児童養護を考える会」へと発展させていった。その後、自民党が野党に転じた後の平成23（２０１１）年12月には、丹羽先生に替わって安倍晋三首相（当時）を代表として「児童の養護と未来を考える議員連盟」（以降、議員連盟もしくは議連）を結成。第2次安倍内閣発足直後の平成25（２０１３）年1月には、私が代表となった。こうしてＮＡＩＳグループの勉強会、自民党内の私的勉強会からはじまり、議員連盟として活動の幅こそ広がったもののの、当時は継続的に参加する議員は少なかった。

一方、私は機会あるごとに全国各地の児童養護施設を訪れていた。そして、実際に子どもたちが実際に生活している状況を見るたびに深く考えさせられた。子どもの主たる生活の場が個室のところは少なく、多くの場合、4人部屋や6人部屋である。施設内の共有スペースの廊下に多くの子どもたちが座り込んで、全員がひたすらハンディゲームに熱中していることも多く、その異様な、あるいは奇妙に感じる雰囲気に驚きを禁じ得なかった。そこには普通の家庭の親ならば、黙って放置しないだろう光景が広がっていたからだ。

しかし当時、私はまだ施設経営をされる方々の目線で物ごとを見ていたように思う。つまり、国会議員としてできることは、施設職員の配置基準の改善や心理専門職の配置策導入など、子どもたちがより良い環境で暮らせる施設にしたり、子どもたちの面倒をみてくれる職員の皆さんの待遇をいかに改善するかといったことを中心に考えていたのだ。もちろんこれらも大切なことだが、後に、大人の視点から考えるか、子どもの視点から考えるかで、対策は大きく異なることに気づくことになる。そのきっかけを与えてくれたのは、要保護児童問題に詳しい方が次のようなことをおっしゃった時だった。

「普通の家庭の子どもは、朝は仕事に出かける親の背中を見ながら『いってらっしゃい』と言い、夕方は帰宅した親の顔を見て家に迎え入れます。それが施設の子どもたちは、朝は出勤してくる職員の顔を見て『おはようございます』と施設に迎え入れ、夕方は職員の背中を見て送り出しているんです」

この話を聞いたとき、「ああ、そういうことだったのか」と、目から鱗が落ちた。

普通の子どもたちとはまったく逆のことをして、日々の暮らしのなかで「家庭」という「温もりの連続性」がない生活をしているのが施設の子どもたちなのだ。「子どもの視点に立つ」とは、このような重たく、かつ冷徹な事実から考えることであり、特定の大人とのかけがえのない温かい関係のなかで愛着を育むことが難しい状況をいかに打開するか、との認識を新たにした。

地道な活動の成果

民主党政権となり、その最後の年にあたる平成24（２０１２）年、児童養護施設における人員配置基準（子どもの人数に対する施設職員数）が6対1から5・5対1となった。配置基準が6対1から変わるのは実に36年ぶりのことで、喜ぶべきではあったが、私たちが自民党内で延々と訴えてきたことを他党政権に先にやられてしまったのは、正直なところ悔しい思いだった。

ただ、消費税引き上げ財源で配置基準を将来的に4対1にすることが、同年6月のわれわれ野党自民党も加わった「三党合意」によって決まり、多少胸をなで下ろすことができた。しかしながら、依然として現場は厳しく、児童虐待は増加の一途、また発達障がい、知的障がいを抱える児童やその親の増加など、難しい課題がいよいよ顕在化しつつあった。特に社会的に認知されはじめた発達障がいを抱える子どもが、児童養護施設には約15％もいることが判明し、さらなる人員配置基準の見直しが求められていた。

平成26（2014）年4月、私は安倍首相と東京都葛飾区にある児童養護施設「希望の家」を訪問した。視察後の会見で総理は、「課題を抱えている子どもが多い。さらに（職員の）配置を厚くすることの必要性を感じた」と発言している。

同年9月、私は厚生労働大臣として再入閣した。その直後の11月、安倍首相は消費税増税の延期を発表するが、増税分の予算が割り当てられていた「子ども・子育て新支援制度」についてはは予定どおり実施することとし、同時に児童養護施設の人員配置基準についても、予定通り4対1まで引き上げた。これは、関係者によるこれまでの地道な努力の成果であり、かつ、安倍首相による的確な決断であった。しかし問題の本質は、子どもたちが家庭で虐待を受けることなく、障がいがあっても親元で健全に養育されることであり、こうした施設の配置基準の改善だけで止まるわけにはいかなかった。

厚生労働大臣就任直後までの私の社会的養育に関する活動と問題認識は、以上のようなものだった。私自身がまだ勉強不足であり、そして何より「子どもの視点」に立つ視座が確たるものではなかった。また、社会的養育全体の抜本改革が不可欠だとの気運が、社会全体としても私自身にも、残念ながらこの時点では充分ではなかった。

そもそも、児童養護施設に入所している子どもの数は3万人弱、その他施設入所者や里親な

要保護児童数の推移

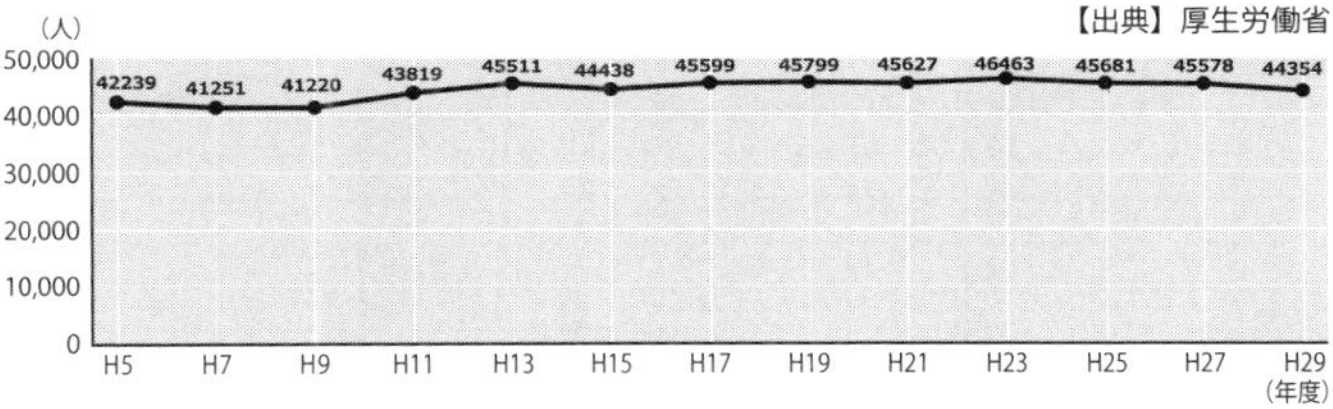

どを合わせた「要保護児童数」（これは厚生労働省の定義であり、本来は「代替養育児童数」とすべきと私は思う）全体では約４万５千人である。だが、調べるにつれ、これは氷山の一角で、保護されずに家庭で虐待を受けている子どもたちや、虐待のおそれから家庭に戻してはいけないのに戻されて虐待され続けている子どもたちが大勢いることを知るに至った。健全な養育環境に置かれず、親や家族の愛に恵まれていない子どもたちは、統計上の数字よりはるかに多く、深刻な事態であることに大きな衝撃を受けるばかりだった。

その後、さらに私自身を打ちのめすようなさらなる事実と向き合うことになるとともに、現場の「大人の理屈と事情」との戦いが始まっていくのである。

児童養護「後進国」日本の現状

ここで、読者の皆さんと問題意識を共有する意味でも、統計的に日本の児童養護の現状を見ておきたい。

児童人口１万人あたりの保護児童数

国名	児童人口（千人）	保護児童数（千人）	児童人口1万人当たり保護児童数（人）
カナダ	7,090	76	109
デンマーク	1,199	13	104
フランス	13,427	137	102
ドイツ	14,829	110	74
ノルウェー	1,174	8	68
アメリカ	74,000	489	66
スウェーデン	1,911	12	63
イギリス	13,243	73	56
スペイン	7,550	38	51
ニュージーランド	1,006	5	49
オーストラリア	4,836	24	49
日本	23,046	38	17

※注：保護児童数は、里親・ファミリーホームの委託児童数

【出典】June Thoburn（2007）"Globalisation and child welfare：
Some lessons from a cross-national study of children in out-of-home care"より抜粋

要保護児童の代替養育先

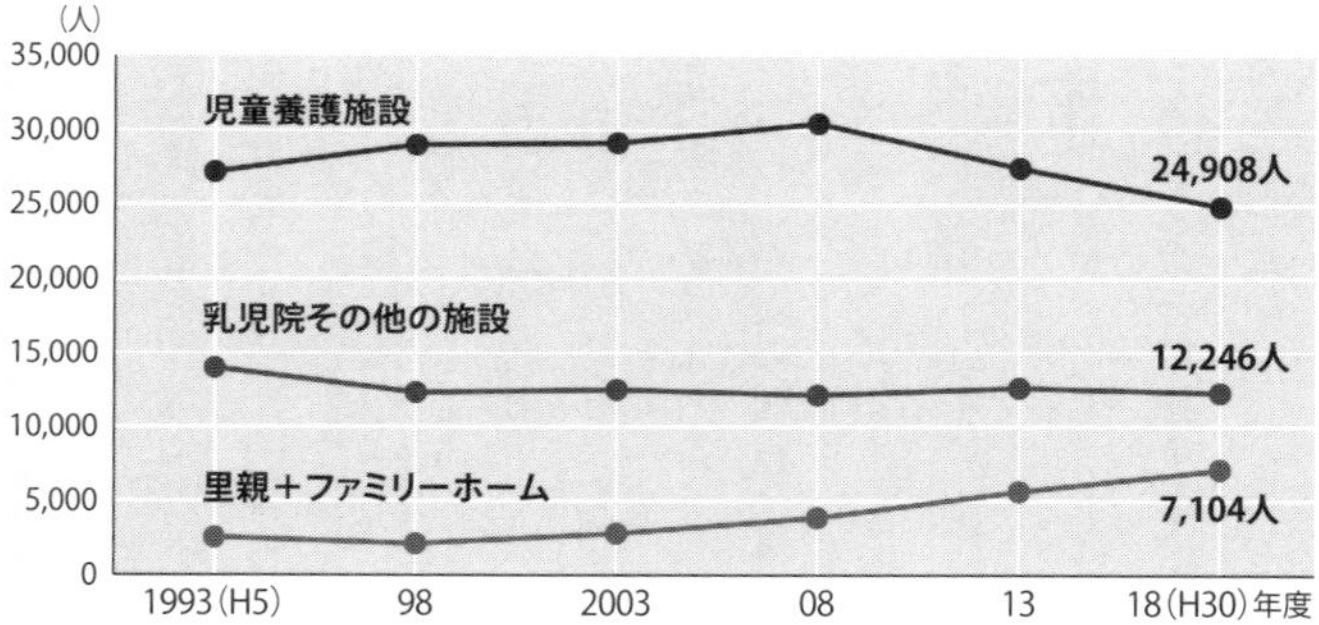

※注：「里親」とは、18 歳まで（必要な場合は 20 歳まで）の子どもを、子どもが自立したり、生まれ育った家庭に戻ったりするまで、自分の家庭に受け入れて育てること。最大４名まで受け入れることが可能。「ファミリーホーム」とは、「里親」と同等の環境において、さらに補助者を加え３人以上の養育体制を持ち、最大５～６名を受け入れることが可能。

【出典】厚生労働省、「里親、ファミリーホーム」「乳児院」「児童養護施設」ともに福祉行政報告例（各年度３月末現在）

諸外国における里親等委託率の状況

制度が異なるため、単純な比較はできないが、欧米主要国では、概ね半数以上が里親委託であるのに対し、日本では、施設：里親の比率が9：1となっており、施設養護への依存が高い現状にある。

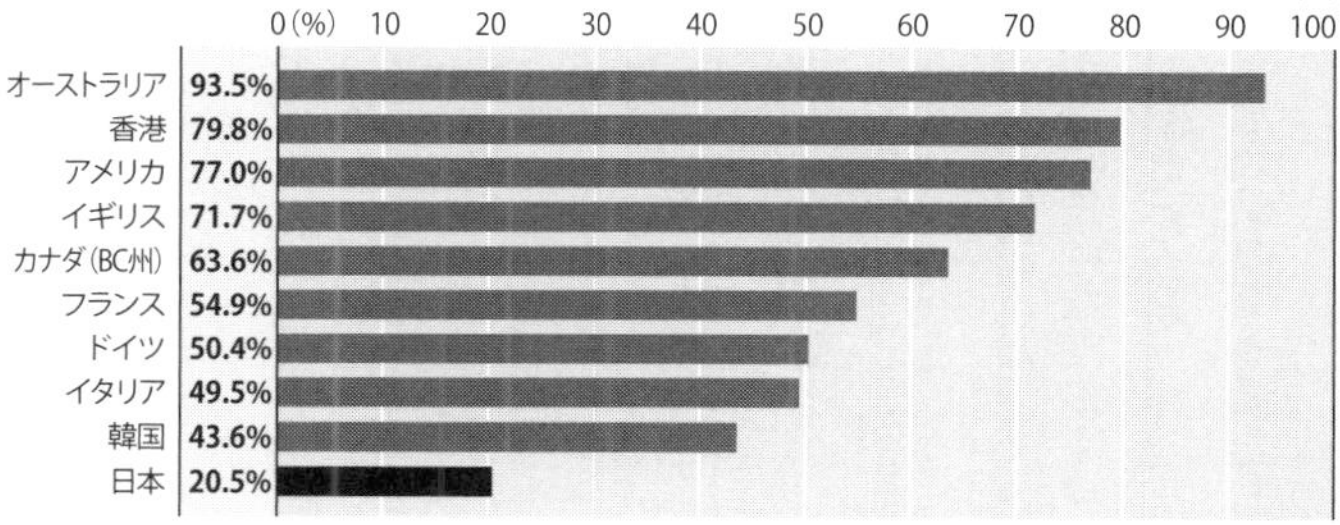

※データは2010年前後、日本のみ2019年3月末　※里親の概念は諸外国によって異なる。

【出典】厚生労働省資料を一部塩崎恭久事務所で修正　※「家庭外ケア児童数及び里親委託率等の国際比較研究」主任研究者開原久代（東京成徳大学子ども学部／平成23年度厚生労働省科学研究「社会的養護における児童の特性別標準的ケアパッケージ：被虐待児を養育する里親家庭の民間の治療支援機関の研究」）

まず、19頁の「要保護児童数の推移」。これは児童養護施設、乳児院、情緒障害児短期治療施設、母子生活支援施設、児童自立支援施設、自立援助ホームへ入所した子どもたちや、里親やファミリーホームへ委託された子どもたちの総数の推移である。平成５（１９９３）年から25年間、図られたかのように４万２０００人から４万７０００人の間で推移している。

世界各国の状況はどうかというと、前頁の「児童人口１万人あたりの保護児童数」を見ると、欧米各国が概ね50人以上で、カナダ、デンマーク、フランスでは１００人を超えているのに対し、日本は17人しか保護していない。果たして日本だけが虐待等が少なく、子どもにやさしい国なのだろうか。

次に、わが国の保護児童の主な受け入れ先はというと、同じく20頁の「要保護児童の代替養育先」で、「児童養護施設の入所児童数」、「乳児院・その他の入所児童数」、「里親・ファミリーホームへの委託児童数」を見比べていただきたい。「里親・ファミリーホーム」への委託数が少なく、「児童養護施設」などの施設への入所数がきわめて多いことがわかる。

さらに、21頁の「諸外国における里親等委託率の状況」をご覧いただき、世界各国と比較すれば日本の異常さに容易に気づくはずだ。里親への委託率が93・5％のオーストラリアを筆頭に、アメリカが77％、イギリスが71・7％、お隣の韓国でも43・6％を占めるのに対して（以上のデータは2010年前後）、日本はかなり改善したはずの直近（2019年）でも、たったの20・5％である。このように保護された子どもたちの約8割が児童養護施設等、施設へ入所している日本の現状に対し、「国連子どもの権利委員会」は平成22（2010）年に次のような勧告を出している。

> a 里親か小規模なグループ施設のような家族型環境において児童を養護すること。
> b 里親制度を含め、代替的監護環境の質を定期的に監視し、すべての監護環境が適切な最低基準を満たしていることを確保する手段を講じること。

c代替的監護環境下における児童虐待について責任ある者を捜査、訴追し、適当な場合には虐待の被害者が通報手続、カウンセリング、医療ケア及びその他の回復支援にアクセスできるよう確保すること。

dすべての里親に財政的支援がされるよう確保すること。

＊「条約第44条に基づき締約国から提出された報告の審査」より
https://www.mofa.go.jp/mofaj/gaiko/jido/pdfs/1006_kj03_kenkai.pdf

日本は平成６（１９９４）年に、国会において国連の「児童の権利条約」を批准している。その「児童の権利条約」では、児童は「家庭環境の下で幸福、愛情および理解のある雰囲気のなかで成長すべき」と明記されており、さらに平成21（２００９）年に国連総会で採択された「児童の代替的養護に関する指針」には、次のような施設養護への強い抑制的姿勢が示されている。

代替的養護　（「児童の代替的養護に関する指針」より一部抜粋）

幼い児童、特に3歳未満の児童の代替的養護は家庭を基本とした環境で提供されるべきである。（中略）大規模な施設養護が残存する現状において、かかる施設の段階的な廃止を視野に入れ、個別的な少人数での養護など、児童に役立つ養護の質及び条件を保障するための養護基準を策定すべきであり、かかる基準に照らして既存の施設を評価すべきである。公共施設であるか民間施設であるかを問わず、施設養護の施設の新設又は新設の許可に関する決定は、この脱施設化の目的及び方針を十分考慮すべきである。

＊ https://www.mhlw.go.jp/stf/shingi/2r985200000１h6g-att/2r98520000018hly.pdf

この指針でもわかるとおり、諸外国では、子どもたちの保護は施設における養護よりも「家庭を基本とした環境」に力を入れている。つまり、里親への委託や養子縁組が主流なのだ。

さらに次頁の「虐待相談対応件数・要保護児童数の推移」のグラフを見ていただきたい。「虐待相談対応件数」とは、児童相談所が連絡を受けて対応した虐待件数である。

平成21（２００９）年以降、急激に相談件数が増えているにもかかわらず、前述したように保護された児童の数は横ばい状態にある。この増加の要因の一つは、子どもの面前で父親が母親を殴るなどのドメスティック・バイオレンスも児童虐待として含むようになったこともあるが、それを割り引いたとしても、子どもへの虐待相談が増加していることは間違いない。また、普通に考えてそれ以前には子どもへの虐待が少なかったということも

虐待相談対応件数・要保護児童数の推移

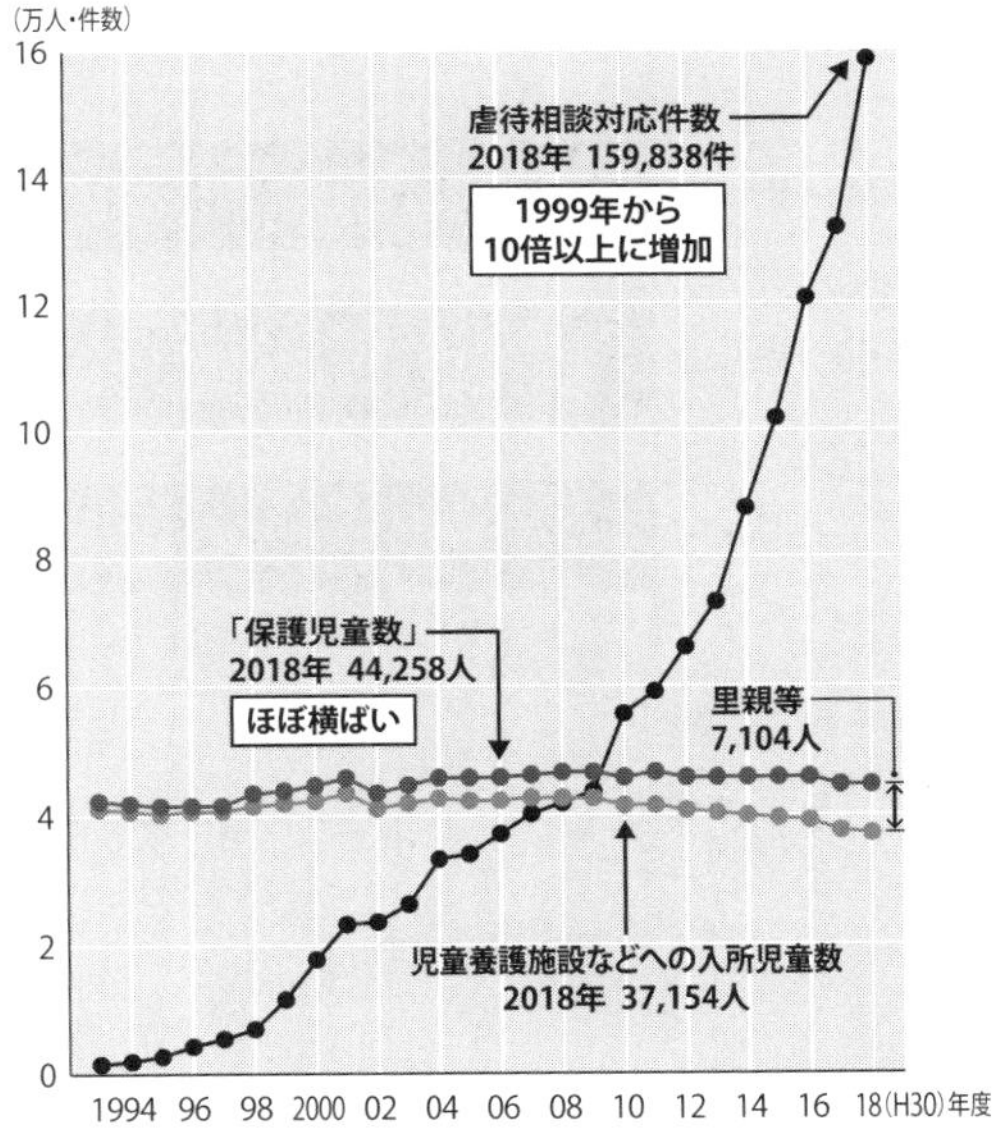

【出典】厚生労働省資料より塩崎恭久事務所作成

あり得ず、潜在化していたものが数字に現れただけだと考えられる。

機能を果たせていない児童相談所

ここで問題となるのは、児童相談所が虐待相談を受けているにもかかわらず、実際に保護されている児童数が横ばいなのは、潜在的な保護ニーズが増加する一方で、保護する側の体制が質・量ともに充分ではなく、子どもを保護できていないかもしれないということだ。つまり、児童相談所は虐待の事実を把握したにもかかわらず、一時的にも親子を分離せず、子どもを親元に安易に戻していることが多いのではないか。

児童相談所における児童虐待の現状

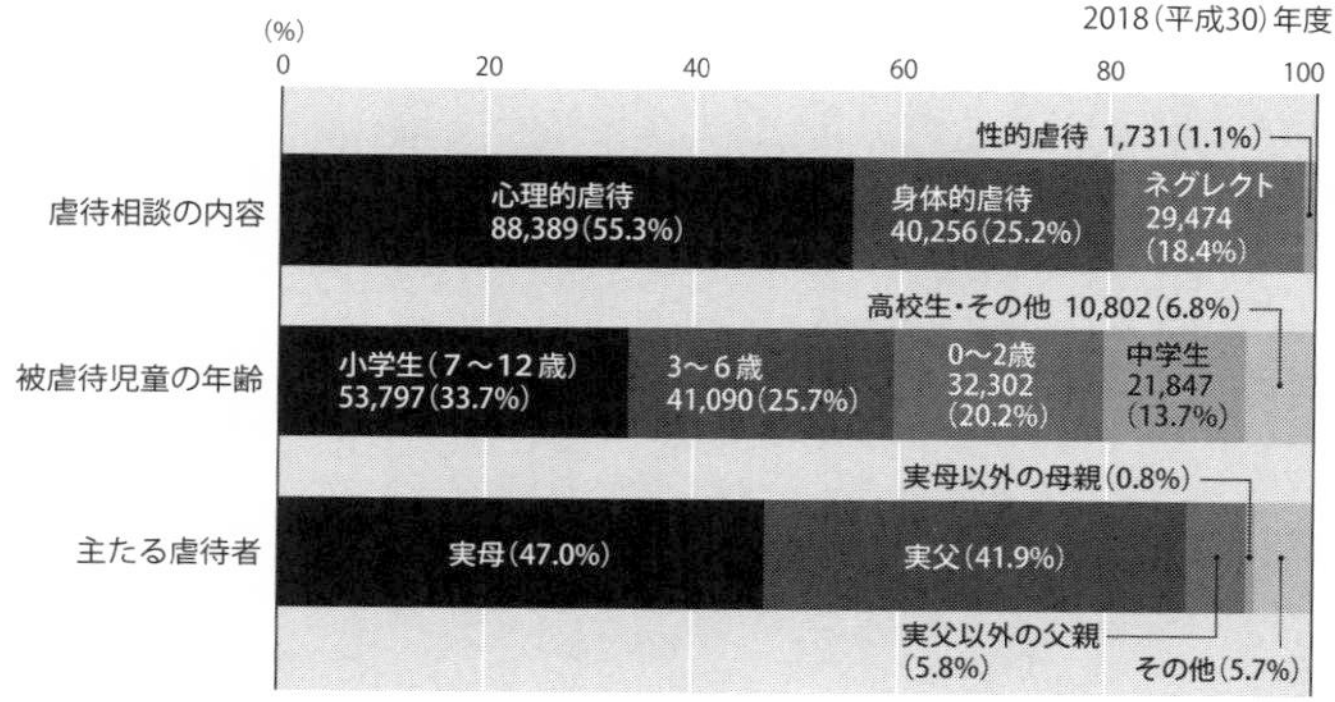

【出典】厚生労働省資料

もちろん、通報者の思い込みによる誤報もあるだろうし、職員の努力によって虐待が解消されたケースもあるだろう。しかし、かなりの数の子どもたちが今も家庭で虐待を受け続けている懸念も払拭できず、そうした子どものなかから不幸な犠牲者が出続けているのではないか。この統計を見る限り、子どもを家庭に戻す場合、児童相談所の判断に問題があるか、その処理能力の限界で止むなく家庭に戻さざるを得ないか、そのいずれか、またはその双方だと推察される。

また、保護された子どもたちのうち、虐待を受けた割合を示す次頁の表「虐待を受けた児童の割合」をご覧いただきたい。保護児童を一番多く収容する児童養護施設の子どもの6割近くが虐待を受けていることがわかる。

本来、児童相談所は、虐待等、子どもの権利を

虐待を受けた児童の割合……児童養護施設入所児童等調査結果

里親に委託されている子どものうち約3割、乳児院に入所している子どものうち4弱、児童養護施設に入所している子どものうち約6割は、虐待を受けている。

2013（平成25）年

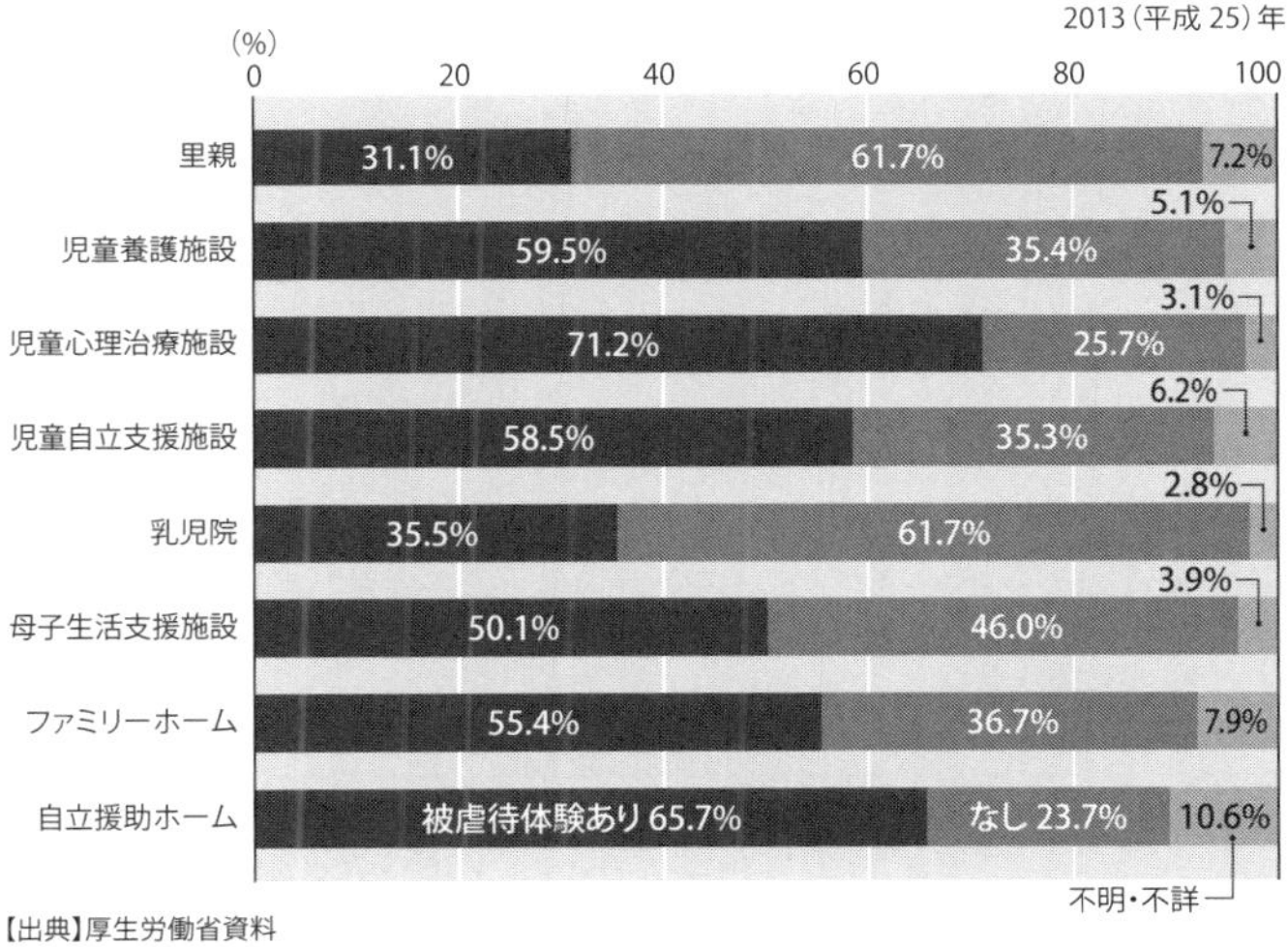

【出典】厚生労働省資料

侵害する行為から子どもたちを救い出し、親元に帰せない場合は、里親や施設入所等の代替養育を手当てするなど、子どもを救うセーフティネット機能を発揮して子どもたちを守る役割を担う。

その児童相談所の数に焦点を当て、諸外国と比較したものが次の見開き頁に掲載した「主要国における児童虐待対応体制等の比較」である。

児童相談所と同様の機能を有する行政機関1カ所がカバーする人口は、英国約37万人、ドイツ約16万人、米国でも人口密集都市を除けば10〜20万人台なのに対して、日本の児童相談所は約60万人である。子ど

主要国の児童虐待対応体制等の比較

<table>
<tr><th></th><th>アメリカ</th><th>日本</th></tr>
<tr><td>人口</td><td>3億2780万人（2018年）</td><td>1億2616万人（2019年）</td></tr>
<tr><td>根拠法</td><td>● 児童虐待防止対策法（連邦）
● 独自の法的、行政的なプログラム（各州）</td><td>● 児童福祉法
● 児童虐待防止法</td></tr>
<tr><td>児童虐待の定義</td><td>● 児童虐待とネグレクト
● 性的虐待</td><td>保護者がその監護する児童について行う以下の行為をいう。
①身体的虐待
②性的虐待
③ネグレクト
④心理的虐待</td></tr>
<tr><td>児童虐待対応で調査や子どもの保護を実施している機関</td><td>児童保護サービス機関（州又は郡の公的な児童福祉部門の一部）</td><td>児童相談所（都道府県、政令指定都市及び児童相談所設置市が設置）</td></tr>
<tr><td>設置数</td><td>各州に置かれているが、児童福祉担当機関の規模は州によって異なる。
（例）
○ ロサンゼルス郡
人口約870万人/CPS17支所
1ヵ所あたりの人口約51万人
（※1）
○ マサチューセッツ州（精査中）
人口約686万人/DCF地域事務所28ヵ所
1ヵ所あたりの人口約24万人
（※1）
○ オレゴン州（精査中）
人口約414万人/DHSの虐待通報窓口36ヵ所
1ヵ所あたりの人口約12万人
（※1）</td><td>215ヵ所（H31.4）
1ヵ所あたりの人口約59万人
（※1）
↓
<table><tr><td>全中核市に設置</td><td>＋56ヵ所</td><td>47万人に1ヵ所</td></tr><tr><td>さらに全特別区に設置</td><td>＋23ヵ所</td><td>43万人に1ヵ所</td></tr><tr><td>合計</td><td>287ヵ所</td><td></td></tr></table></td></tr>
</table>

	ドイツ	イギリス
人口	8270万人（2017年）	5560万人（2017年）
根拠法	● 社会法典第8編 ● 児童保護法 ● 民法 ● 刑法	● 1989年児童法 ● 2004年児童法
児童虐待の定義	● 法律上の明確な定義なし。 ● 民法第1666条第1項において、「子の福祉の危険」について身体的虐待、精神的虐待、性的虐待、ネグレクトに区分して規定。	法律上、虐待に特化した定義はない。
児童虐待対応で調査や子どもの保護を実施している機関	青少年局	Children Social Care
設置数	広域主体（16州）に１つの州青少年局、地域主体に1つの青少年局が置かれている（511ヵ所）。 **1ヵ所あたりの人口約16万人** （※1）	各地方自治体（152自治体）に置かれている。 大きな地方自治体によっては、支部等が置かれているが、どのような配置にするかは地方自治体によって異なる。 **1ヵ所あたりの人口約37万人** （※1）

※1 人口を機械的に割ったもの。
※2 アメリカでChild protective servicesを担う行政機関は、州によって名称が異なる。（Department of Children & Families, Department of Human Services等）

【出典】日本のデータは厚生労働省資料から塩崎恭久事務所にて一部修正。海外の緒データは、外務省HP、マサチューセッツ州DCFHP、オレゴン州DHSHP、アメリカ統計局HP、イギリス統計局HP。ならびに、平成26年厚生労働省雇用均等・児童家庭局調べ（アメリカ、イギリス、ドイツ）。「アメリカ・イギリス・北欧における児童虐待対応について」児童虐待防止対策の在り方に関する専門委員会（第3回・平成26年10月31日）増沢高氏（子どもの虹情報研修センター研修部長）提出資料、岩志和一郎編著「児童福祉と司法の間の子の福祉――ドイツにみる児童虐待防止のための諸力連携」（尚学社・2018年11月）より

千葉県における児童相談所別管轄市町村名・管轄人口・管轄範囲

児童相談所名	管轄市町村名	人口	管轄人口 (H27国勢調査)
中央児童相談所	成田市	131,190	1,345,788
	佐倉市	172,739	
	習志野市	167,909	
	市原市、八千代市、四街道市、八街市、印西市、白井市、富里市、印旛郡	873,950	
市川児童相談所	市川市	481,732	1,377,563
	船橋市（中核市）	622,890	
	鎌ヶ谷市、浦安市	272,941	
柏児童相談所	松戸市	483,480	1,356,996
	野田市	153,583	
	柏市（中核市）、流山市	719,933	
銚子児童相談所	銚子市	64,415	280,770
	旭市	66,586	
	匝瑳市、香取市、香取郡	149,769	
東上総児童相談所	茂原市	89,688	434,489
	東金市	60,652	
	勝浦市、山武市、いすみ市、大網白里市、山武郡、長生郡、夷隅郡	284,149	
君津児童相談所	館山市	47,464	455,178
	鴨川市	33,932	
	木更津市、君津市、富津市、袖ケ浦市、南房総市、安房郡、千葉市（政令指定都市）	373,782	
千葉市児童相談所	千葉市（政令指定都市）	971,882	971,882
合計			6,222,666

【出典】平成27年度国勢調査および千葉県HPより塩崎恭久事務所作成

愛媛県における児童相談所別管轄市町村名・管轄人口・管轄範囲

児童相談所名	管轄市町村名	人口	管轄人口（H27国勢調査）
福祉総合支援センター	**松山市（中核市）**	514,865	916,709
	今治市	158,114	
	八幡浜市	34,951	
	大洲市	44,086	
	伊予市	36,827	
	東温市	34,613	
	上島町	7,135	
	久万高原町	8,447	
	松前町	30,064	
	砥部町	21,239	
	内子町	16,742	
	伊方町	9,626	
東予子ども・女性支援センター	新居浜市	119,903	315,490
	西条市	108,174	
	四国中央市	87,413	
南予子ども・女性支援センター	宇和島市	77,465	153,063
	西予市	38,919	
	松野町	4,072	
	鬼北町	10,705	
	愛南町	21,902	
合計			1,385,262

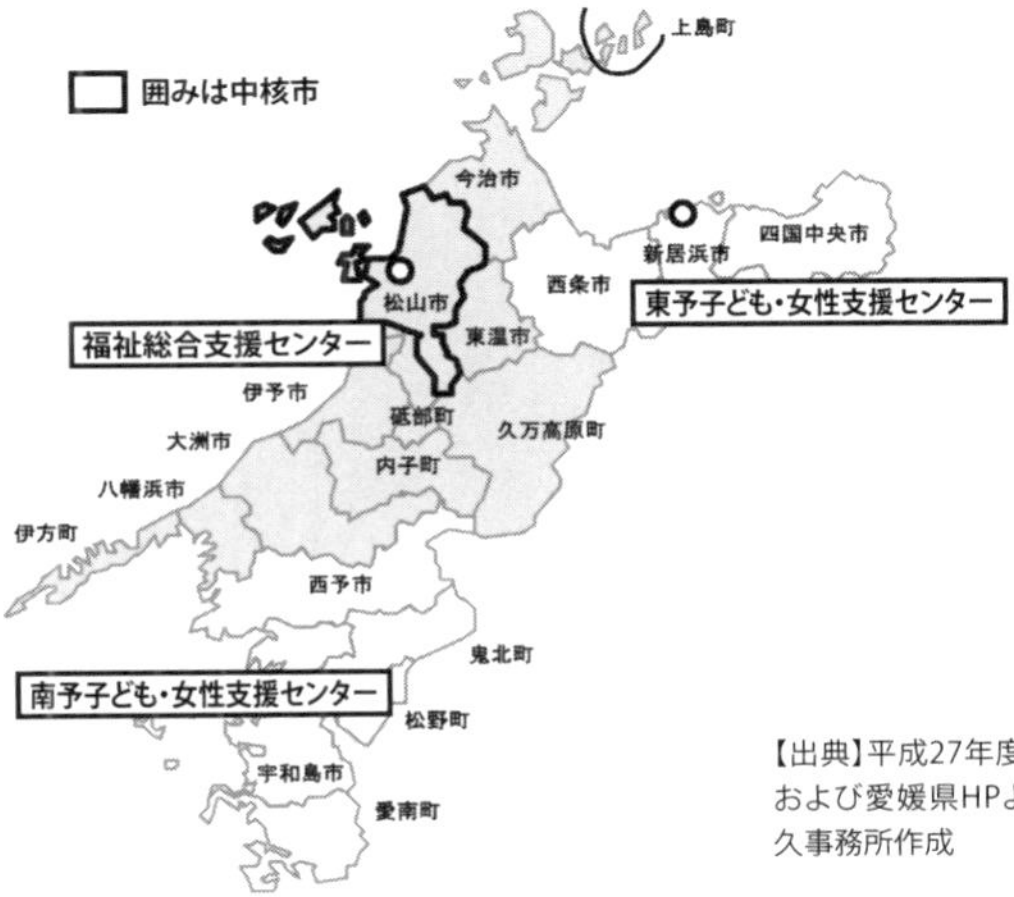

【出典】平成27年度国勢調査および愛媛県HPより塩崎恭久事務所作成

もの命と権利を守るセーフティネットの「網の目」が極端に粗すぎるのではないか。さらに、これを都道府県ごとに見ると、児童相談所がカバーすべき人口と地理的範囲にかなり無理があるところが多い。

30頁に示すように、「心愛《みあ》ちゃん事件」が起きた千葉県野田市は「柏児童相談所」の管轄地区内にあるが、その管轄人口は約136万人と、「網の目」の粗さが際立っている。千葉県では表の通り、他の2つの児童相談所も人口130万人超をカバーしている一方、「君津児童相談所」は、房総半島の約半分の面積をカバーし、緊急時の機動性を欠く配置となっている。

ちなみに31頁に掲載した愛媛県を見ると、私が住む愛媛県松山市の児童相談所は県内に3つある児童相談所のなかで、いわゆる「中央児童相談所」という位置づけである。ここがカバーする人口は約92万人もあるうえに、地理的な範囲は大分県との境になる最西端の佐多岬から高知県境の久方高原町、そして広島県境の上島町まであり、端から端まで車で移動するには、ゆうに数時間かかる広さだ。加えて、この人口と広範な地域をカバーする「里親担当者」は、たった一人、それも定年退職後の非常勤職員と聞いて驚いた。このことからも、愛媛県の里親委託率が全国で後ろから8番目である現状が理解できる。

このような状況の児童相談所は全国に多数見られるわけだが、こうした状態のままでは、児童虐待に対して、児童相談所による適切な対応が可能とは到底思えない。

「子どもの権利」不在だった児童福祉法

２０１４（平成26）年９月３日、私は第二次安倍改造内閣の厚生労働大臣に就任した。その際、私は通常の厚労省のアジェンダに加えて、個人的な「こだわりのアジェンダ」として、「がん対策」、「認知症対策」、「障がい者施策」、そして「児童養護」を挙げ、その実現を誓った。

大臣就任時にはすでに開催が決まっていた第１回「児童虐待防止対策の在り方に関する専門委員会」（社会保障審議会／松原委員長／以下、「松原委員会」とする）が９月19日から始まり、平成27（２０１５）年８月10日まで12回の会合が重ねられた。しかしなかなか思うように進まない状況に焦りを感じ始めていたが、平成27（２０１５）年４月のある日曜日の午後、約10人の子どもと家庭の専門家との衝撃的なブレイン・ストームの機会に恵まれた。その際、「戦後の児童養護の歴史は『浮浪児対策』のままで来てしまった」という強烈なメッセージに加え、参加していた一人の先生から「子ども虐待問題に対応する新たなシステムの創設のために」というレジュメを基に、今後の政策課題についてよく整理された提言をいただいた。これが私に新たな使命感を駆り立たせ、さらに心を奮い立たせるものだった。

その内容は主に次の2点である。
①子どもの権利主体性の明確化
——昭和22（1947）年から抜本改正されていない児童福祉法の問題
②人間の発達において重要な「愛着関係の形成」

それぞれについて解説していこう。

第一に「子どもの権利主体性の明確化＝昭和22年から改正されていない児童福祉法の問題」は、左頁の「社会的養育関連の推移」を見ていただきたい。児童福祉法は、昭和20（1945）年の第二次世界大戦終戦から2年後の連合国占領下に成立し、昭和23（1948）年4月に施行された法律である。当時は日本国中に戦災孤児があふれ、食べるものも寝る場所もなく、路上生活で餓死したり、凍死するような悲惨な状況だった。児童福祉法の主眼は、このような子どもたちを施設に収容し、生活の基盤を与えて救済することだった。

その後、産業・経済が進展するなか、核家族化等を背景とする家庭養育機能の低下に伴う新たな要保護児童問題が多発した。さらに近年では、虐待される子どもたちが保護されることが多くなってきている。

社会的養育関連の推移

1947年（昭和22年）	**「児童福祉法」成立**　※昭和22年の戦争孤児の施設収容目的の立法以来、「保護パラダイム」が28年抜本改正まで70年間継続。
1989年（平成元年）	国連「児童の権利条約」採択　（H元.11.20）
1994年（平成6年）	日本が「児童の権利条約」批准　（H6.5.22）
2000年（平成12年）	**「児童虐待防止法」成立**　※その後、平成16、19年に法改正。
2009年（平成21年）	国連「児童の代替的養育に関する指針」採択（H21） ※「家庭での養育（特に乳幼児）」と「永続的解決」を原則。
2010年（平成22年）	国連「児童の権利委員会」による「第3回最終見解」（H22） ※国連指針を考慮するよう日本政府に勧告。
2011年（平成23年）	厚労省「里親委託ガイドライン」公表　（H23.3.30）
2011年（平成23年）	厚労省「社会的養護の課題と将来像」（H23.7.11） ➡「都道府県推進計画」策定
2015年（平成27年）	「新たな子ども家庭福祉の在り方に関する専門委員会」（H27.9.7～H28.7.29）

⬇　大きなパラダイムシフト　⬇

2016年（平成28年）	**「児童福祉法」改正**（H28.5.27成立、6.3公布）
2016年（平成28年）	「新たな社会的養育の在り方に関する検討会」（H28.7.29～）
2017年（平成29年）	**「児童福祉法」改正**（H29.6.14成立、6.21公布）
2017年（平成29年）	厚労省**「新しい社会的養育ビジョン」** ➡**「都道府県推進計画」全面見直しへ**
2018年（平成30年）	**「『都道府県社会的養育推進計画』の策定要領」**を厚労省が発出（H30.7.6）
2019年（令和元年）	**「児童福祉法等」「民法等（特別養子縁組関係）」改正**（R元.6）

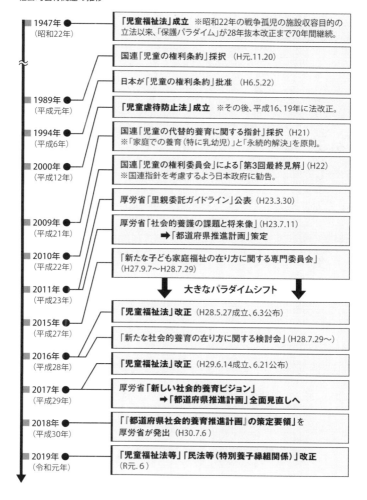

このように社会状況と保護対象となる子どもたちを取り巻く環境が大きく変化してきたにもかかわらず、新たなニーズに応える児童福祉法の抜本的な改正をすることもなく、成立当初の法律の延長線上で、虐待された子どもたちを扱い、施設に収容し続けてきた。つまり、子どもたちが健全な家庭環境の下で養育を受ける権利を尊重してこなかったことが、大きな問題だったのである。

さらに重要なことは、これまでの児童福祉法は、「子どもの権利」について何一つとして触れていなかったことである。旧児童福祉法第一条は次のとおりだった。

> 第一条
> 1 すべて国民は、児童が心身ともに健やかに生まれ、且つ、育成されるよう努めなければならない。
> 2 すべて児童は、ひとしくその生活を保障され、愛護されなければならない。

まず、1項において「すべて国民」を主語としている点が、いわゆる「大人の視点」「大人の立場」からの条文である。

次に、2項における主語は「児童」であるが、「愛護されなければならない」とは、まるで動物でも飼うかのような「受け身」の扱いであり、いずれ自立する一個人としての人間に対する扱いではなかった。

第二条以降も同様に、「子どもの権利」に関する条文は一つも見当たらない。平成6（1994）年に「児童の権利条約」を批准していながら、子どもの権利主体性を定めた法律がどこにも存在しない状況を放置し続けてきたことは、平成5年から国会議員を務めてきた者の一人として、私も責任を感じる。法治国家である日本において、法律に則った生活を送り、ひいては政治を行うことは当然でありながら、その法律が時代に即していないならば早急に変えるべきである。その意味からも喫緊の課題である虐待に対応するための新体制を、早期に整備する必要があったのだ。

「愛着関係の形成」の重要性

第二に人間の発育上に重要な「愛着関係の形成」について述べていこう。

以下は、元「国立成育医療研究センターこころの診療部」統括部長の奥山眞紀子氏から学んだことの要点だ。

内容に入る前に、奥山氏の児童養護とのかかわりを紹介しておこう。氏は、1986年に実親による子どもへの虐待が大きく問題になりつつあったアメリカへ留学され、ボストンのタフツ大学付属病院で「チャイルド・セクシャル・アビューズ（子どもへの性的虐待）」の問題などに取り組まれた。当時、日本ではまだ問題になっていなかった児童虐待問題に早くから関心を寄せ、数多くのケーススタディを通じて知見を深められた。帰国後は、児童養護施設内の小児科クリニックでも週一日、こころの診療を行い、多くの社会的養護の子どもたちと現場レベルでもかかわってこられた、わが国の小児精神保健分野の第一人者である。

１９９０年代の日本は、まだ施設の小規模化の必要性すら検討されず、職員たちは最低基準ギリギリの人員配置で施設を運営していた。そうした児童養護施設で奥山氏が気づいたことは、乳児院から養護施設へと連続的に入所してくる子どもたちは、共通した発育上の問題を抱えているということだった。

何が原因だろうと思案していたある日、乳児院から赤ちゃんを連れてきた保育士さんに「担当のお子さんですか？」と尋ねたところ、「うちは担当制ではありません」との返事に、合点がいった。これでは、幼児と特定の大人の「一対一の関係」による、守られていると いう安心感を子どもはもつことができない。いわゆる「アタッチメント」＝「愛着関係」が形成されていないことに気づいたという。

子どもは「愛着関係」がつくられていないまま育つと、心から安心できる愛着対象と一緒にいることができる枠組み、いわばその子にとっての「安全基地」がないために無謀な行動をとってしまうという。困難な状況に陥ったときに、普通は愛着対象に救いを求めるものだが、その関係が構築されていないと、他人を信頼できないジレンマを抱え、周囲を不快にさせたり、戸惑わせる接し方しかできない。そのために他人とぶつかることも多く、自分をコントロールできずに激昂する傾向にあるようだ。

通常、家庭で育った子どもは育児をとおして親子の愛着関係が形成され、一対一の関係性がつくられる。その意味では虐待された子どもを家庭から離したとしても、どこかで家庭と同じような愛着関係が形成されなければ、健全な発達に結びつかない。

世界的に見ても、児童精神医学の分野では愛着関係の形成の重要性が注目され、重視されるようになっている。そのことを実証するかのような悲惨な出来事が過去にあった。

１９６０年代、ルーマニアのチャウシェスク政権が人口を増やすために制定した人工中絶を禁止する法律は、目論見通りに人口増加をもたらしたが、育児放棄によって孤児院へ引き取られる子どもたちが10万人以上に達してしまった。そして孤児院の子どもたちは充分な食事が与えられず、隔離された環境で生活するしかなかった。その後１９８９年、チャウシェスク政権が倒れてルーマニアに入った西側諸国の人々が目の当たりにしたのは、重度のアタッチメント障害（愛着障害）になってしまった子どもたちだった。

この子どもたちを2001年から「ブカレスト早期介入計画」によって、「里親に預けるグループ」と「施設に残るグループ」に分けて保護し、脳や言語の発達、IQ、心理状態などを定期的に調査・比較したところ「施設に残ったグループ」に大幅な遅れが見られたという。この報告をまとめたアメリカのメリーランド大学のネイサン・フォックス教授は、「子どもは家庭的な環境で育てるべきである」と結論づけている。

このような悲惨な出来事から学ぶべきことは、子どものためには世界中どこであっても、いかなる場合でも、「家庭的な環境」における「愛着関係の形成」の実現こそがすべてのスタートであり、子どもたちの健全な発育にとって必須の条件である、ということだ。


以上のような学びを得ながら、私は厚生労働大臣として「児童福祉法の抜本改正」を強く決意した。それも「5〜10年かけて慎重かつ充分な議論を重ねて」ではなく、「子どもたちの明るい未来を1日でも早く実現するために、早急に」と強い使命感を抱き、その実現を自らに固く誓ったのである。

第2章　「子どもの権利」を護る法へ

――平成28年 改正児童福祉法への道のり

法改正へ向けた本格議論をスタート

第1章で述べたとおり、そもそもわが国は平成6（1994）年に子どもの権利主体性を広範に認める国連の「児童の権利条約」を批准したが、当時、日本には「子どもの権利主体性」を明記した法律は存在しなかった。それにもかかわらず、批准に伴う一切の国内法の改正を行わなかった。通常、国際条約を批准する際は、関連する国内法との整合性を保つ法改正がセットになるが、この時は異例なことに、「(子どもの権利については）わが国の憲法をはじめとする現行の国内法制ですでに保障されている」との政府見解の下で、法改正を行わなかったのだ。

このようにわが国の政府は、「児童の権利条約」を批准した後も、引き続き四半世紀にわたって民法の規定で強固な権利として保障されている「親権」に対し、子どもの権利主体性が存在しないアンバランスを是とする姿勢をとり続けた。立法府の国会も同様の姿勢を示してきたのである。そのなかにすでにいた私も、今から振り返れば、おおいに反省せざるを得ない。

平成27（2015）年9月、それまで十数回の議論を重ねた厚労省の「児童虐待防止対策の在り方に関する専門委員会」（社会保障審議会・松原康雄委員長。以下、「松原委員会」）

を引き継ぎ、「新たな子ども家庭福祉の在り方に関する専門委員会」（この委員会も座長を松原氏に務めていただいたので「新松原委員会」と略す）が発足した。
「新松原委員会」には、私が直接依頼した新たな専門家も数名加わっていただき、児童福祉法抜本改正のための議論がスタートした。これが、児童福祉法改正への本当の意味での正式なキック・オフとなった。

松原委員長は抜本改正に向けた私の決意に理解を示されるとともに、議論のための時間が年末まででかなりタイトであることも理解してくださっていた。そこで、９月７日に行われた「新松原委員会」の初回会合の冒頭に、私は以下の報告と意気込みをお伝えした。

①次期通常国会に児童福祉法等の改正案の提出をめざす。このことをすでに８月28日の第３回「子どもの貧困対策会議」（議長：総理）において、厚生労働大臣として公に正式表明したこと。

②今次法改正にあたっては、これまでの「保護中心」から「養育中心」へ、現行制度を抜本的に見直す。具体的には、すべての子どもは適切な養育を受け、健全に育つ権利があり、その自立が保障されるべきとの理念を、明確に法律に位置づけたいこと。

こうして、「新松原委員会」での議論はスタートしたが、議論は予想以上に難航した。それは、現在の子どもの置かれた環境は早急な「抜本改正」が必要だとする「子どもの目線＝子ども中心の論理」と、あくまで時間をかけて慎重な検討を重ねるべきとする「大人の目線＝大人中心の論理」との攻防でもあった。

主な検討事項として、私の意向も踏まえて厚労省事務方から「新松原委員会」の専門委員に示されたのは、「児童福祉法の基本理念」をはじめとして、「国および行政の役割と責務」、「児童福祉司の国家資格化」、「児相における司法の介入と支援の分離」、「里親制度」や「特別養子縁組」など、きわめて広範で多岐にわたる課題であった。しかも「基本理念」たる児童福祉法第1条から第3条は、昭和22年の制定当初から一切手がつけられておらず、今次「抜本改正」で最重要とされる根本哲学に関する論点となった。

次期通常国会に法案を提出するためには、前年の12月までに内閣法制局へ法案の「概要」を登録する必要がある。その時、すでに9月。法案本体の提出期限は翌年の3月中旬。わずか数ヵ月で、これだけの項目に一定の結論を出すことが「新松原委員会」のミッションだった。

11月24日、同月27日に開催される予定の第2回「新松原委員会」の検討会に向けて、厚労省事務方が作成した児童福祉法の改正案が、大臣室において説明された。それは、私からすると肝心の「理念規定」が変わり映えしないだけでなく、「抜本改正」と呼ぶにはそぐわないものであり、いささかがっかりする内容だった。

厚労省の改正イメージは、第１条に「家庭、地域、学校、職域その他の社会のあらゆる分野において、児童の最善の利益を考慮し」と補足し、かつ２条に「すべての児童は基本的人権を有する個人として尊重されるものであるとの理念にのっとり」との一文を追加したものの、子どもは依然として保障、愛護される対象である。四半世紀前同様に、またしても「子どもの権利主体性」を明記していなかった。

さらに「子どもにとって望ましい養育環境」という、もっとも重要な論点については、「児童が良好な家庭的環境で継続的に養育されることが重要であることに留意」と記すのみで、いわゆる「家庭養育優先原則」、すなわち子どもは第一義的に実親の家庭で養育されるべきだが、そこでの養育環境が子どもにとって望ましくない場合、次に考慮されるべきは、特定の大人との愛着形成が可能な特別養子縁組や里親である、という優先順位がまるで読み取れない提案になっていた。

専門委員会から大臣室に場を移し

数回にわたる事務方との議論を経て、徐々に文言は修正されるが、子どもの権利主体性および養育環境については、根本哲学の変更を明瞭に条文案に書き込む必要があった。それにもかかわらず、内閣法制局へ法案の「概要」登録はかろうじて行っていたものの、「新松原委員会」における法案の検討は11月末になっても進展せず、「抜本改正」と言える内容の取りまとめが可能な段階ではなかった。

取りまとめ予定は12月10日。とても間に合わないという結論になり、結果として「事務局預かり」、すなわち事実上大臣が引き取り、議論は新松原委員会から大臣室に場を移すことになった。これが12月初旬だった。法律へ盛り込むべき検討事項は多岐にわたるため、関係省庁（主に財務省、総務省、法務省、警察庁）や業界団体との協議、関連する法律との調整も必要だ。年を越し、法案自体の提出期限である平成28（2016）年3月中旬までの約2カ月間で、条文案をまとめなければならないという急迫した事態だった。

こうした状況にあって、結果的にこの時の改正法案の作成作業は、通例とかなり異なるものになった。通常は事務方が条文を詰め、大臣はその案に変更注文をつけることはほとんどない。ところが私は、厚労省事務方に対して、文書による指示を出し続けた。いわゆる「大臣指示」である。これは、法案提出に至るまでの2カ月間に、実に7回に及んだ。

それは、厚労省雇用均等・児童家庭局の事務方と、法案をめぐり大きな哲学変更を含めて一言一句、「てにをは」に至るまで詳細にわたるやり取りだった。ここでは平成28（2016）

年改正において非常に重要だった「大臣指示」についてのみ、以下に要点を紹介しておきたい。

「子どもの権利」の明文化をめぐる攻防

70年前に成立した法律を現状に則した法律へ変えることは至難の業である。先にも記したように、さまざまな観点において「大人の目線」からつくられた法律の体系と条文を、「子どもの目線」の法律につくり変える、いわば児童福祉法に対する本質的な哲学の転換が求められる一大作業だ。抜本的な見直しの核心は、「子どもの権利」、「子どもの最善の利益優先」、「家庭養育優先」という３つの原則を、いかに書き込むかであった。

その象徴的なことが、「子どもの権利」を明確に条文化すること。それも、子どもを「権利の主体」として明文化することであった。

ここで、昭和22（１９４７）年成立の児童福祉法第１条をもう一度見ていただきたい。

> 第１条
> １　すべて国民は、児童が心身ともに健やかに生まれ、かつ、育成されるよう努めなければならない。
> ２　すべて児童は、ひとしくその生活を保障され、愛護されなければならない。

法律の第1条の内容は「目的規定」である。つまり、この法律がつくられた目的は何かを規定しなければならないわけだが、前掲どおり「子どもの権利」を明確に示すものはなく、せいぜい2項で「ペットのように愛護される権利」が読み取れる程度である。

この改定にあたって厚労省は、子どもが権利の主体であることを条文に明記することに、かなり難色を示した。その理由として、「子どもの権利」を主張すると右派の議員たちが騒ぎ出して大変なことになりますよ、というアドバイスがあった。法案によっては、こうした事務方の政治的観点からの助言に従う時もあるが、今回は子どもたちの未来を左右する根本部分を改正する試みであり、妥協は許されない。児童虐待がこれだけ頻発している状況で、いくら保守派と呼ばれる議員であれ、反対するはずがないとの信念で、私は「子どもの権利」を明確に条文化することにこだわった。

大臣指示による一見細かな、しかし重要な書き込み

12月15日、第1弾の「大臣指示」として、私は第1条から第3条の理念規定に改正のポイントとして以下の3点を明示した。

大臣指示第1弾（２０１５年12月15日）※要点のみ抜粋
①「子どもの権利」を「児童福祉の原理」として謳い上げるべき。
②主語は「すべて児童」とすべき。
③「児童は、永続的な家庭養育を受けることができること」を明記すべき。

その主張の理由は以下の５点である。①子どもが権利の「主体」であることを基本原理として書くべきである。②「愛護」は客体に用いるものであるため不適切。③条約で保障すべき権利は生存、発達、保護、参加であり、もれなく盛り込むことが望ましい。④「家庭的養育」ではなく「家庭養育」の原則を保障するべき。

また、「法文案」も具体的に示した。

この大臣指示に対して、12月22日に厚労省事務方からレクがあったが、12月10日の厚労省案から一言一句変わっていなかった。

私は年末年始、時間を惜しんで改正案について熟考した。何をどう説明すればこの思いが伝わるのか。年明けの1月4日、厚労省に第1弾の大臣指示を補足する「追加コメント」を発出した。

〈追加コメント〉　２０１６年1月4日　（第1条、第2条部分）

①主語は「すべて児童は」として権利の主体として位置づけるべき

②「心身が安全な環境で生まれる」権利を明記、「愛護すべき」は削除

③「家庭、地域、学校、職域」の例示は削除

④意見表明権を明記

⑤「永続的な家庭養育」、「代替的家庭養育」を明記

これらの度重なる「大臣指示」によって、厚労省にも少しずつではあるが、「通しやすい法案」ではなく、「あるべき法案」をつくろうという雰囲気が感じられるようになった。そうして２０１６年1月11日に示された厚労省の第2案で、理念規定は大きく修正された。

この段階で、法案の第1条は、「すべて国民は〜」ではなく、子どもを主語とする「すべて児童は……権利を有する」となり、子どもの権利主体性が明確に謳われた。児童福祉法が、名実ともに「子どものための法律」に生まれ変わろうと産声を上げ始めたターニングポイントであった。

左記は、平成28年6月3日に公布された改正児童福祉法の第1条、第2条の条文だが、

このなかの傍線部分が、１月11日の時点で厚労省が第２案で出してきた文案である。47頁に記した旧児童福祉法の条文と見比べると（第２条は新設）、その違いは歴然とするだろう。ちなみに、１条の傍線のない部分がこの時点では依然として「愛護され」となっており、続いて修正の大臣指示を出した箇所であった。

児童福祉法　第１条関係　（平成28年６月３日改正）　※傍線は著者

第１条　全て児童は、児童の権利に関する条約の精神にのっとり、適切に養育されること、その生活を保障されること、愛され保護されること、その心身の健やかな成長及び発達並びにその自立が図られることその他の福祉を保障される権利を有する。

第２条　全て国民は、家庭、地域、学校、職域その他の社会のあらゆる分野において、児童の意見を十分に尊重しつつ、その最善の利益を考慮し、児童が心身ともに健やかに生まれ、かつ、育成されるよう努めなければならない。

②児童の保護者は、児童を心身ともに健やかに育成することについて第一義的責任を負う。

③国及び地方公共団体は、児童の保護者とともに、児童を心身ともに健やかに育成する責任を負う。

子どもの「意見表明権」をめぐる攻防

当初から私は子どもの「意見表明権」についても明文化するよう指示を出していたが、法文案では、「児童の意見を充分に尊重しつつ」との表現に留まっていた。

もともと厚労省としては、平成9（1997）年改正で児童相談所長が都道府県知事に対して里親委託等の措置を要する旨を報告する際、児童の意向を報告するとの規定を局長通知において追加して、実質的に子どもの意見を聞くようにしたので、「意見表明権」の法律への明記は不要、との考えだった。

加えて法務省はさらに強い慎重意見を伝えてきた。「意見表明権」を正面から規定すると、児童の意思形成能力（民法や家事事件手続法においては、身分行為について、満15歳以上の者からの意見聴取を規定）との関係が問題になる、との理由である。

このことは、措置や虐待を受けるのは「子ども」本人であるのに、日本の法体系では「子どもの意見は軽視」という考え方が底流に根強くあったとしか考えられなかった。これも、当時のわが国には、社会全体として子どもに権利がある、との意識はほとんどなく、ましてや法律上の条文にその事が書かれているはずもなかったのだ。

「家庭養育優先原則」をめぐる攻防

子どもにとって望ましい養育環境の優先順位については、多くの先進国では一定のコンセンサスがある。それは要保護児童が実親の家庭で養育されるのが本来ベストであるが、それが望ましくない環境である場合には、次に考慮されるべきは特定の大人との愛着形成が可能な特別養子縁組や里親である。そして児童養護施設での養育はこれらの選択肢が難しい場合に、地域に分散された6～8人程度の小規模施設に限って、最後の選択肢としての位置づけとされている。例えば、ドイツでは小学校就学前まで、英国では小学校6年生まで、施設には児童を入所させないことが原則になっている。これがいわゆる「家庭養育優先原則」といわれる考えである。

これに対して日本ではどうか。

わが国における家庭養育の実態について、特別養子縁組や里親の普及に精力的に取り組んでいるヒューマン・ライツ・ウォッチ日本代表の土井香苗弁護士らの力添えで、多くの養親や里親の方々と知遇を得て、議員会館や大臣室で頻繁に勉強会をさせていただいた。養親や里親としてのさまざまな喜びやご苦労についてうかがうなかで、皆さんが子どもたちに対して大きな愛情をもって懸命に育てようと取り組んでいらっしゃる姿に心を強く打たれた。

そうした思いもあり、私は厚労省からの法改正の原案において「児童が良好な家庭的環境で継続的に養育されることが重要である」とされているのを見た時、「家庭的環境」ではなく「家庭環境」、すなわち「家庭養育優先」という理念にこだわった。なぜなら「家庭的養育」とは、児童養護施設のユニットやグループホームまで含まれる広義的なものと理解されるのが通例である。しかし、児童福祉法の目的規定たる第1条において明確に規定された子どもの健全なる養育を受ける権利を踏まえれば、養育環境の選択肢の第一は「家庭養育」、つまり普通の家庭における養育環境と同様のものでなければならないはずだ。

この「家庭養育優先原則」についても、第1条、第2条とは別の条文で明示することを求めたが、当初の厚労省原案では、家庭環境と同様の環境である特別養子縁組や里親等が施設養育に優先する趣旨が読み取れない。

その後、複数回のやり取りを経て、やっと1月11日時点の法文案で、「家庭」と「家庭以外」を分ける書きぶりとなった。しかし、「家庭以外」の中身の定義と、その優先順位は不明瞭なままだった。

また、厚労省案として提示された「できる限り家庭に準ずる良好な環境」という言葉からは、特別養子縁組、里親、ファミリーホーム、地域小規模児童養護施設、「施設内ユニット」型施設、大舎型施設等の違いを判別できず、養育環境の優先順位にも触れておらず、「継続的に養育」の意味も明確ではない。「永続的関係（パーマネンシー）」なのか、それとも施設に長く留めてもいいという意味なのか。施設での長期入所ならば、「家庭養育優先原則」の観点からは、１８０度正反対の考え方だ。
　このような不明瞭な文案になるのは、厚労省が「すべての養育形態を許容する無難な表現としたい」と考えたからだろうか。だが、私としては既存のステークホルダーへの過度な配慮による「供給者目線」の政策姿勢を、このまま続けさせるわけにはいかないと強く思った。

理念を決定づける文言に妥協はない

　1月22日、次のような「大臣指示」第3弾を出した。根源的な理念にかかわる指示と、修飾語等の細かい表現の双方に及ぶものだ。

大臣指示第3弾（２０１6年1月22日）※要点のみ抜粋
①児童の権利として、意見表明権、最善の利益の優先、家庭で養育される権利を追加。「子どもの権利」の理念は法律の根幹であり、中核的な権利を明確にする。
②「心身ともに健やかに生まれ」は文言修正。先天性の障がいをもつ子どもへの配慮

に欠ける。

③「社会のあらゆる分野」に関する例示の「家庭、地域、学校、職域」は削除。生活圏だけに限定されて解釈される恐れあり。

④「永続的な家庭環境」、「代替的家庭環境」を講じることを明記。

これに対し、1月28日に打ち返しがあった。「大臣指示」どおり、「心身ともに健やかに生まれ」は削除、「家庭、地域、学校、職域」の例示も削除、「愛護」は「愛され、保護されること」に修正された。しかし依然として、「意見表明権」は「その意見が尊重されつつ」との表現に留まった。

また「最善の利益の優先」は、「その最善の利益が主として考慮され」と、「主として」が入ったことで、その重要さが相対的なものに過ぎないと読み取られかねなくなった。

「家庭養育優先原則」も、「児童ができる限り家庭に準ずる良好な環境において継続的に養育」（1月11日）が、「児童ができる限り良好な家庭的環境において継続的に養育」（1月28日）と微修正されただけで、「家庭的」がどのような養育形態を意味するのかが明確ではなかった。

そこで2月8日、第4弾となる大臣指示を発出する。

大臣指示第4弾（２０１６年2月8日）※要点のみ抜粋

①第1条は、「児童の権利に関する条約に則り」とすべき。「精神」では漠然とするため、条約順守を明確にすべき。
②第2条の「主として」は削除。
③代替的養育が養子縁組、里親（ファミリーホームを含む）において継続的に行われる必要があることが、容易、かつ明確に理解できるような条文にすべき。少なくとも就学までは、施設ではなく家庭に準ずる養子縁組、里親等による養育を基本とすることを明記できないか。条文では、「家庭」が養子、里親等代替養育を含む、と読解することは不可能。「できる限り良好な家庭的環境」に「継続的に」養育されるべきではないことは明らか。

これを受けた2月12日の大臣レク以降、数回のレクを経て、「最善の利益の優先」と「家庭養育優先原則」は以下の文言の変遷をたどり、やっと合意に至った。

「最善の利益」優先度の推移

「その最善の利益を考慮し」（1月11日）

▼

「その最善の利益が主として考慮され」（1月28日）

▼

「その最善の利益が優先して考慮され」（2月12日）

「家庭養育優先原則」具体的内実の推移

「児童ができる限り家庭に準ずる良好な環境において継続的に養育」（1月11日）

▼

「児童ができる限り良好な家庭的環境において継続的に養育」（1月28日）

▼

「児童が家庭と同様の環境において継続的に養育」（2月12日）

▼

「児童が家庭における養育環境と同様の養育環境において継続的に養育」（2月18日）

理念・哲学が固まる

２月18日の第６弾「大臣指示」への厚労省対応案で、初めて「家庭」、「家庭における養育環境と同様の養育環境」に次ぐ、第３の選択肢である「できる限り良好な家庭的環境」が文案に登場し、その優先順位が明確に定められた。

またこれらの文言で合意する際、「家庭における養育環境と同様の養育環境」は、特別養子縁組、里親、ファミリーホームまでが含まれ、「できる限り良好な家庭的環境」は、施設の「敷地外」の小規模で地域に分散化した児童養護施設まで含まれることを明記した「通知」を法改正後、直ちに出すことでも合意した。

以上の曲折を経て、児童福祉法第１条から第３条の理念規定に、「子どもの権利」、「子どもの最善の利益の優先」、「家庭養育優先原則」が明定された。

こうして70年ぶりの抜本改正に向けた、理念・哲学的な支柱が固まったのだった。

親権者による体罰禁止をめぐって

平成28年改正では、「体罰の禁止」も法案に盛り込もうと取り組んだが、各方面からの抵抗が強く、残念ながら充分な成果を得ることができなかった。

現在では、「結愛ちゃん事件」、「心愛ちゃん事件」を受け、令和元年の児童福祉法等改正で親権者による体罰禁止が明定され、山下法務大臣（当時）は、「懲戒権見直し」を審議会に諮問する考えを明らかにした。しかし平成28年当時は、世論の盛り上がりも今回に比べればほとんどなく、法務省の壁も極めて厚く、最小限の改正に留まらざるを得なかった。

児童虐待防止法は、「虐待」の定義を第2条で定め、①身体的虐待、②性的虐待、③ネグレクト、④心理的虐待の4つと定義する。「しつけ」を口実にした「体罰」によって子どもの命が失われることが多いことから、私は「体罰の禁止」を明文化すべきと考えた。「子どもの権利」や「子どもの支援」のために世界で活動を展開している「セーブ・ザ・チルドレン」の皆さんや、地元松山市で児童虐待問題に取り組む森保道弁護士（「日本弁護士連合会子どもの権利委員会」幹事）などからの意見申し入れからも多くを学んだ。

「大臣指示」第1弾、第2弾においても、「『体罰』を含む行為を禁じる趣旨の規定を入れるべき」との指示を出している。しかし法務省は、民法８２２条「懲戒権規定」を挙げ、「親権者が子どもにしつけの範囲で手を上げることは懲戒権の行使として許容される」とし、「平成23（２０１１）年の民法改正時にも懲戒権を削除すべきとの意見があったが、見送られた経緯があり、法務省としては安易に応じることはできない」との見解だった。

課題を将来に残しつつも、当時としては最大限の「一歩前進」として、しつけを名目とした虐待を防止するために、「児童虐待防止法」に「親権の適切な行使に関する配慮」規定を入れることで落ち着けざるを得ず、本質的な前進はなかった。

「児童虐待防止法」　※傍線は筆者

第14条　児童の親権を行う者は、児童のしつけに際して、民法第８２０条の規定による監護及び教育に必要な範囲を超えて当該児童を懲戒してはならず、当該児童の親権の適切な行使に配慮しなければならない。

２　児童の親権を行う者は、児童虐待に係る暴行罪、傷害罪その他の犯罪について、当該児童の親権を行う者であることを理由として、その責めを免れることはない。

市区町村の役割の明文化

平成28年法改正で、理念規定と並んで大きな改正となったのが、国と自治体の責任と役割の明記だ。国、都道府県、市区町村の責任と役割を法律で書き分けるべきと、「大臣指示」

では再三指摘した。

特に基礎自治体たる市区町村が日常的な家庭支援を担い、その体制強化策として、「地域子ども家庭支援拠点」設置に努める旨の規定を設けることの重要性を私は繰り返し説明したが、厚労省は終始、慎重だった。

しかし、急増する虐待相談のうち、95％以上は一時保護や施設措置などの「親子分離」措置ではなく、「在宅支援」となる。そこにおいて、児童相談所がいわば「なんでも屋」的に、「介入」も「支援」もしているが、職員数や時間を考慮するとすべてに対応するには無理がある。「支援」は家庭にもっとも近い市区町村が一義的に対応し、虐待がエスカレートする前段階で、子どもが家庭にいながら行政が適切に支援業務を行うことで虐待の重篤化予防となる、と考えた。

これに対して厚労省は、「国と自治体の責任と役割の書きぶり」および「地域子ども家庭支援拠点設置の努力義務化」に強く反対した。理由は、「すでに明確に規定しているので必要ない」、「自治事務については国からうるさく言えない」等だった。これでは厚労省は「地方分権」を盾に国の責任を回避し、児童相談所段階の機能不全や、何よりも子どもを取り巻く問題の深刻さに向き合おうとしていないと批判されても仕方ない。

余談ながら、このように私が役所側との議論で膠着状態に陥ってしまった時、陰ながら助けてくださったのが、以前から児童養護の問題に取り組んでいる有志の地方自治体の首長の皆さんだった。もともとは数年前に日本財団の高橋恵理子氏の紹介で彼らのシンポジウムに招いていただいたのがきっかけで、大臣になってからも、折に触れて地方自治体における児童養護の実態を教えていただいたり、たくさんの政策的アイディアを頂戴した。特に三重県の鈴木英敬知事や福岡市の高島宗一郎市長らは、国に言われるまでもなく、特別養子縁組や里親の拡大に向けた県や政令市独自の推進計画などをパワフルに進めておられ、こうした同志の存在に私もつねに勇気づけられていた。

話を戻すと、厚労省事務方が当初作成してきた案では、市区町村による相談支援業務強化等の哲学はまったく読み取れなかったので、私は大臣指示第１弾、追加コメント、大臣指示第３弾で、次のような指示を送り続けた。

> 大臣指示第1弾・3弾　追加コメント　※国と自治体の役割に関する要点
>
> ①自治事務を前提とするなかでも、国が行うべき責務を理念として書き込む必要がある。国から地方への「助言」を書き込むべき。「指示」ではなく「助言」なら自治事務に反しない。

②主語は「地方公共団体」ではなく、第一義的責務を有する「市町村」にすべき。
③「地域子ども家庭支援拠点（センター）」の設置を努力義務とすべき。東京都の「子ども家庭支援センター」をモデルとして定性的要件等を記述する形で明記。

これに対して、厚労省は4回以上のレクにおいて、「2015年12月9日案からほとんど修正なし」と、まったく妥協の姿勢を見せなかった。それは1月28日の大臣レクまで1ヵ月以上続いた。また、「地域子ども家庭支援拠点」の法定化にも「困難」とゼロ回答を譲らなかった。反対の理由を尋ねても、「論点が未整理」、「自治事務だから細かく言えない」、「国の責務を縛られたくない」との一点張りだった。挙句の果てに、1月11日レクでは、「市町村における子ども家庭支援体制の在り方について、法律成立後に具体的な在り方をさらに検討」と、検討先送りを提示してきた。

もはやこれは大臣の決意の問題である、と肚決めした。法改正に最終的な責任をとるのは厚労省の担当局長ではなく、大臣だ。

他省庁や自治体の顔色ばかりうかがう「事なかれ主義」では、虐待に泣く多くの子どもたちを救うことはできない。もはや総務省や各自治体との調整の時間は残されていない。私は大臣として全責任を負う覚悟で、前掲の「大臣指示通りの案文」を作成するよう指示した。

結果、1月28日の厚労省案において、法文の骨格イメージがやっと見えてきた。しかしここに至るまでに2ヵ月も費やしてしまった。

なお後日談だが、これから3年余り後の平成30（2018）年12月18日、厚労省は「児童虐待防止対策体制強化プラン」を決定、「市区町村子ども家庭総合支援拠点」を2020年までにすべての市区町村に設置することを決めたのである。よい方向への変化ではあるが、あれだけ当初反対した時の根拠とした論理はどこに行ってしまったのだろうか。やはり霞ヶ関の事務方の意見を聞きつつも、大きな政策判断は政治家が責任をもってやり遂げなければいけないと再確認した。

さらに、「地域子ども家庭支援拠点」についても、私は初志を貫徹するために、「大臣指示」第4弾（2月8日）、第5弾（2月10日）、第6弾（2月15日）、第7弾（2月22日）と、立て続けに発出し、左記の指示を出した。

> 大臣指示第4弾（2月8日）～第6弾（2月15日）※国と自治体の役割に関する要点
>
> ●市町村に関して「子ども家庭養育支援の中心として」業務を担うということを挿入、明記すべき。

●現行法第10条の2に関し、市町村が都道府県に対して「援助および助言を求めなければならない」とあるところを「援助および助言を求めることができる」に変更。「支援」が市町村の責務となれば、支援の知識・技術の専門性は市町村がもつことになるため。
●都道府県、市町村はお互い「上下」や「縦」の関係ではなく、新たな緊密な相互協力関係となること、また、それぞれに求められる専門性においても、とりわけ「支援」においてなど、優劣をつけるような関係ではないことなど、新たな子ども家庭養育に相応しい各自治体間の関係性、専門性等に関することを、政省令等において明確化。

法案提出期限が迫るなかでの時間との闘いでもあったが、最終的にはこれらの諸点について厚労省事務方と概ね私の指示通りの内容で合意した。

以上の経緯により、子どもたちの生活圏にもっとも近い基礎自治体が第一義的に子ども支援を行う環境づくりへの大改革を、なんとか確実なものとしたのだった。

「在宅措置」創設と市区町村への委託

市区町村の役割強化と連動してもう一つ重要な改正が、児童相談所による子ども家庭への「在宅措置」および「通所措置」の創設である。

前述したように、虐待通告された子どものうち、95％以上が家庭に戻される。その際、ただ単にそうした子どもを元の虐待があったと疑われる家庭に戻すだけで放置してしまうことに換え、家庭で新たに児童相談所の責任の下での行政処分である「在宅措置」や「通所措置」を行うことで、虐待の重篤化を予防しよう、というものである。措置自体は児童相談所長が行うものの、実際の「在宅支援」、「通所支援」は、基礎自治体たる市区町村が第一義的に行うようにする。

これは前節の法改正（市区町村の役割の明確化、「拠点」設置の努力義務化）と連動した、市区町村の機能強化と不可分の議論であり、「新松原委員会」から厚労省へも同様の指摘が行われていた。

しかし、厚労省はこの件でも当初、「改正必要なし」との姿勢だった。

12月10日の大臣レクでは、「在宅措置および通所措置は、ともに現行法の『指導措置等』で読み込めるため、『解釈運用』により実施可能」、さらに「現行規定でも民間団体等により可能」との説明があった。

そこで私は12月15日「大臣指示」第1弾により、「市町村が設置する地域子ども家庭支援拠点（センター）および民間団体等で在宅支援や通所支援にかかる指導委託等を可能とすべき」との指示を出した。運用上可能だとしても、法文に位置づけることが必要であるから、規定ぶりを検討するよう指示した。さらに年明けの1月4日「追加コメント」においても念押しし、「在宅措置は『地域子ども家庭支援拠点』を実施主体とすべき」、「通所措置では質の良い民間事業者が参入できる仕組みが重要」等の指示を送った。

厚労省事務方からは、1月11日、1月28日の大臣レクの段階では具体的な文案を示して来ず、私からは、1月22日「大臣指示」第2弾、2月8日「大臣指示」第4弾と再三にわたり指示を出し続け、「児童相談所の在宅措置・通所措置決定と市町村の支援とがリンクできる仕組みが必要。早急に検討すべき」と指示し続けた。

具体的な提案が示されたのは、ギリギリのタイミングである2月12日だった。

しかし、「在宅措置」と「通所措置」の事実上の創設が読み込める文案が出てきたものの、肝心の市町村へ委託できるかが明確ではなかった。

そこで、私は2月21日「大臣指示」第7弾において、「市町村が第一義的に支援・指導を行う主体であることを明定すべき」と指示した。これを受けてやっと文案に、「市町村に家庭支援が委託できること」が明記されたのだった。

こうして児童福祉法第26条２項、および、第27条２項に、「在宅措置」と「通所措置」を事実上創設し、在宅支援は第一義的に市町村に委託できることが明文化されたのである。

実はこの議論には続きがある。それが翌年平成29（２０１７）年の児童福祉法改正の中核的な内容となった「司法関与」である。

現場では、保護者が児童相談所や市区町村の支援を拒否し、家庭における虐待環境が放置され、その実効性が担保されない、という課題が慢性的に存在している。そこで指導効果のない家庭に対しては、司法たる裁判所、具体的には家庭裁判所が積極的に関わり、保護者に対して指導措置をとることで、虐待環境の改善と予防に役割を果たすべき、との新たに重要な提案がなされた。この経緯の詳細は次章に譲る。

「特別養子縁組」を児童相談所の本来業務へ

「特別養子縁組」は、昭和62（１９８７）年の民法改正による制度創設以来、約１万

5000人が、法的な親子関係を構築してきた。「家庭養育優先原則」および「パーマネンシー（永続的な関係）」の観点からは、実親の下での家庭養育が適当ではない子どもが、最初に検討されるべき養育形態である。

それにもかかわらず、日本ではそもそも特別養子縁組の認知度が低く、特別養子縁組の斡旋等が児童相談所の業務として位置づけられてこなかった。児童相談所が有する要保護児童の情報が養親となりたい人へ届かず、幾多の機会損失を生み出してきた、と容易に想像できる特異な実態が続いているのではないか。

そこで私は、特別養子縁組を児童相談所が行う業務の一つとして明確に位置づけることを主張した。「大臣指示」第2弾（2016年1月22日）では以下の指示を出している。

大臣指示第2弾（2016年1月22日）※児童相談所が行う業務に関する要点のみ抜粋

特別養子縁組の以下の事項に関して、法務省と検討して①はすぐに実施、②〜⑥は期限を決めて検討、結論を出すこと。

①特別養子縁組の推進を都道府県業務として位置づけ（児童福祉法第十一条）

②年齢制限の見直し

③児童相談所長に申立権

④特別養子となった者の出自を知る仕組み
⑤特別養子縁組成立後の支援の仕組み
⑥民間斡旋団体に関連するもの

①は厚労省も必要性を認識しており、改正案に盛り込まれることがすぐに同意された。
②〜⑥は、厚労省が、法案成立後に法務省と協議を進めることを約束したため合意した。

平成28年改正児童福祉法（該当箇所を抜粋）　※傍線は筆者
第11条　都道府県は、この法律の施行に関し、次に掲げる業務を行わなければならない。
二　児童及び妊産婦の福祉に関し、主として次に掲げる業務を行うこと。
【新設】養子縁組により養子となる児童、その父母及び当該養子となる児童の養親となる者、養子縁組により養子となった児童、その養親となった者及び当該養子となった児童の父母（民法第八百十七条の二第一項に規定する特別養子縁組により親族関係が終了した当該養子となった児童の実方の父母を含む。）その他の児童を養子とする養子縁組に関する者につき、その相談に応じ、必要な情報の提供、助言その他の援助を行うこと。

中核市、特別区への児童相談所必置

平成28年改正でもっとも紛糾した案件の一つが、中核市および特別区への児童相談所「必置」の問題だった。令和元年の児童等福祉法等の改正論議の際も大きな議論となったが、28年改正の段階でもかなり激論を交わした課題だった。

従来、児童相談所の必置の範囲は、都道府県に加えて政令指定都市までであり、中核市を含む市においては平成18（２００６）年4月から、希望があれば設置できることとなっていた。一方、特別区は中核市のように希望しても設置できない法制となっており、特別区長会からは、中核市と同様、希望すれば設置できるようにしてほしい旨の要望を受けていた。平成28年改正では、児童福祉法第59条の4および政令の改正によって、特別区が児童相談所を設置できるようにしたが、この点では大きな紛糾はなかった。

しかし、「児童相談所必置」の対象を中核市と特別区まで広げることには、厚労省は極めて強い抵抗を示した。私は累次にわたる「大臣指示」で、「特別区、中核市ともに、一定の猶予期間を置いて、必ず設置する規定振りとしていく必要」との指示を出し続けた。

しかし、中核市長会は一律の必置化に懸念を示す意見書を出してきた。また総務省は、「必置化については、中核市長会等、関係団体の意見をよく聞いていただきたい」との消極的な意見を、厚労省を通じて伝えてきた。

厚労省の反対の理由は、「自治事務だから強制はできない」だった。「自治事務」があるとしても、それを守るのは総務省の仕事であって、子ども家庭福祉を所管する厚労省の職員は、あくまで「子どもの命と未来を守ること」だけを考え、総務省を説得に回るくらいでなければならない。「急には準備が整わない」というのであれば、５年程度の準備期間を設けるなどの方法はいくらでも考えられる。

しかも、後に判明することだが、児童相談所のように一時保護や立入調査といった生命を守るための強権発動できる機関は、保健所と同じように、国から自治体に設置義務づけできるのが正しい地方分権の解釈だ。現在は都道府県と政令指定都市になっている児童相談所の必置範囲を中核市や特別区に広げることは、政令改正だけで行える事項であり、生命尊重にかかる決断は政府の一存で行うことが可能だ。もちろん自治体側との充分な協議が必要だし、実現のための条件整備に所轄官庁は充分意を尽くすのが当然だが、子どもの命がかかっている案件で、「自治事務だから強制できない」という通り一遍の論理だけで簡単にあきらめることは、厚労省の本来の使命に照らしても許されないだろう。

しかし、1月11日の大臣レクでも事務方は、「たとえ5年後でも、一律に設置義務を課すことは困難」と、反対の姿勢をさらに明確にしてきた。私は大臣として決断した。厚労省案としては、あくまで「期限を定めて、児童相談所を必置とする規定をおく」とし、この案で関係省庁と協議を行うことを指示した。

結果的には関係省庁との協議整わず、となり、やむを得ず私は附則の検討規定として、「施行後5年を目途として、中核市および特別区が児童相談所を設置できるよう、その設置にかかる支援その他の必要な措置を講ずるものとする」との趣旨を設けることで、渋々降りざるを得なかった。

児童相談所の中核市必置への私の思いは、法案審議の際の大臣答弁でも明確にしている。

第190回国会 衆議院厚生労働委員会（平成28年5月18日）※発言より抄録

塩崎大臣「……児童虐待の問題は、やはり全国どこでも同じように起きるわけでありますから、そうなれば、一定程度の人口に1箇所の児童相談所があってしかるべきで、私は本当は必置にすべきだということでありましたが、自治事務ということでもありますので、裏から書いたような形で、（中略）気持ちのうえでは、どんなに遅くても5年のうちにすべての中核市そして特別区に児童相談所ができるようにするべきではないか。そのための政府の支援もしっかりとやるべきだ。そういうことを、思いを込めてつくった法文でございます」

弁護士の児童相談所への「常勤化」、「常駐化」

弁護士の児童相談所への「常駐化」についても、28年改正検討時から強く主張してきた重要なテーマである。

なぜ児相に弁護士が常勤ないしは常駐することが必要なのか。

児童相談所は、昭和22年の児童福祉法制定以後、時代の変化に根本的な対応を行わないままに、さまざまな権限だけが次々と付与されてきた。そのなかには、親子分離を伴う一時保護措置、立入調査、接近禁止命令など、行政でありながら親権や子どもの権利制限を伴う重要な法的措置権限を与えられている。しかも、これらの措置における裁判所の適否判断などの司法関与は、日本ではきわめて限定的で、少なくともこれまでは行政が司法の関与が少ないなか、権利制限を相当範囲でかなり行ってきた。

したがって、児童相談所には法曹のプロとしての弁護士が職員として常駐し、児童福祉司などとともにケースワークも行いながら、切迫した状況下において、より適切な法的措置を執行できる体制をとることが望ましい。しかし、弁護士が常駐する児童相談所は28年の児童福祉法改正時には、福岡市、和歌山県、名古屋市など数えるほどしかなかった。大多数の児童相談所の職員は日々法的権限の行使に自信がもてず、その行使に躊躇することも多く、深刻な虐待でありながら、子どもの権利を守るための正しい法的解釈に基づく法的対応措置が執られずに、子どもの命を救えない事案が数多く起きていた。

こうした現場の実情を確かめようと、平成23年より児童相談所に弁護士を常勤させている福岡市の視察に訪れた。多忙ななか、高島宗一郎市長が自ら出迎えてくださり、福岡市こども総合相談センターの藤林武史所長および常勤する久保健二弁護士とともに詳しく実態を教えてくださった。福岡市では久保弁護士が自らソーシャルワークを行いながら、子どもの一時保護や家庭等への立ち入り調査について法的な助言をしたり、またこれらに同行したり、家庭裁判所への申し立てをサポートしたりして、センター職員の法的バックアップに活躍しているという。児童養護の重要性について熱く語る若き高島市長の話を聞き、やはり地方行政も国政同様、トップの意志とリーダーシップ次第でいろいろな改革が可能であることを再確認した。

このような視察や有識者の意見を踏まえ、「大臣指示」第1弾、第２弾等で何度も弁護士の常勤・常駐化の必要性を指摘した。「実施期限を区切り、児童相談所において弁護士を必置とすべき。児童相談所が、親権停止を活用していく体制を早急に構築する必要がある」との内容だ。

粘り強く約1ヵ月のやり取りを経て関係各省協議用にまとめた「厚労省案」には、「児童相談所の法的対応能力を向上させ、児童の権利を擁護する観点から、弁護士を必置とする規定を置く」との表現に落とし込むことができた。

しかし、その1ヵ月後の2月12日の報告では、弁護士必置を条文規定には書かず、「当面予算措置で、弁護士の活用を促進し、全国展開を目指す」との案に舞い戻ってしまった。これだけ課題が明らかなのに、弁護士について法文に「何も書けない」とする厚労省の反応は残念であった。だが粘り強く説得を続け、全国すべての児童相談所に弁護士を配置するのが事実上困難であれば、少なくとも各都道府県の中心的な児童相談所には弁護士を配し、適宜県内の児童相談所を巡回したり駆けつけたりして、実質的に弁護士を配置しているのと同程度の法的対応ができる体制にすることを当面の対応策としてまとめた。

2月15日の「大臣指示」第6弾では、「各都道府県の児童相談所全体として、また政令指定都市、中核市の児童相談所に少なくとも一人以上の常勤弁護士を必置とすべき」との指示を出した。結果、改正法成立後すみやかに、「児童相談所における弁護士の配置またはこれに準ずる措置」の意味するところを「通知」にて発出することを条件に、次の文言で合意した。

児童福祉法（平成28年6月3日改正）※傍線は著者
第12条【新設】③　都道府県は、児童相談所が前項に規定する業務のうち法律に関する専門的な知識経験を必要とするものを適切かつ円滑に行うことの重要性に鑑み、児童相談所における弁護士の配置又はこれに準ずる措置を行うものとする。
児童相談所運営指針（平成28年9月29日改正）※傍線は著者
弁護士の配置に関する「これに準ずる措置」とは、弁護士の配置と実質的に同等であると客観的に認められる必要があり、例えば、都道府県ごとに、区域内の人口等を勘案して中央児童相談所等に適切な数の弁護士を配置し、弁護士が配置されていない児童相談所との間における連携・協力を図ること等が考えられる（単に法令事務の経験を有する行政職員等の配置は、「準ずる措置」には含まれない）。

法改正後の弁護士の活用状況等

2019（平成31）年4月1日

児童相談所の数	常勤職員として配置（配置割合（÷210所））		非常勤職員として配置（配置割合（÷210所））		弁護士事務所との契約等（配置割合（÷210所））
	相談所数	人数	相談所数	人数	
215ヵ所※1	11ヵ所※2 (5.1%)	14人	94ヵ所 (43.7%)	156人	110ヵ所 (51.2%)

※）常勤弁護士を配置している自治体は、和歌山県（1ヵ所、1人）、福岡県（1ヵ所、1人）、横浜市（1ヵ所、1人）、川崎市（1ヵ所、1人）、新潟市（1ヵ所、3人：本庁と兼任）、名古屋市（3ヵ所、3人）、大阪市（1ヵ所、1人）、福岡市（1ヵ所、1人）、明石市（1ヵ所、2人）

【出典】厚生労働省

残念ながら、こうした平成28年改正における児童相談所への弁護士の常勤化、常駐化に向けた努力は、その後の実際の常勤弁護士の配置実績では、上の表に見るように効果をまだ発揮できていない。さらに「結愛ちゃん事件」、「心愛ちゃん事件」においては、いずれの場合にも弁護士への相談がなされないまま、適切に検討されずに子どもを家庭に戻す措置がとられて、不幸な結果をもたらす結果となった。そのため、弁護士の配置については、令和元年の児童福祉法等改正では一層踏み込んだ内容に改正された。

しかし今後も、児童相談所の法的対応能力の向上がさらに求められるなか、児童相談所に常勤ないしは常駐する弁護士が児童福祉司等のソーシャルワーカーと机を並べ、物理的にも心理的にも垣根なく法的事項を日常的に相談し、協同できる体制の実現に向け、引き続き、見直しを行っていく必要があるだろう。

子ども家庭福祉に関する「国家資格」の創設

児童福祉法が「戦災孤児対策」としてスタートした後、時代の変化とともに対応すべき問題は変化してきた。親による虐待などで子どもが負う心の傷のケア、虐待をする親の指導と家庭の「温り」の再生など、児童相談所、市区町村、里親、施設等は、子ども家庭の広範な問題に関する専門性を求められるようになった。しかし残念ながら、子ども家庭福祉の現場で必ずしも高い専門性をもって対応しているとは到底言えない状態が続いている。

こうした現状を打開するには、現場スタッフの専門性のさらなる向上こそ喫緊の課題である。そのために、まずは児童相談所の専門指導者の「子ども家庭福祉の国家資格化」を主張するという観点から新たな動きを始めた。

12月15日の「大臣指示」第1弾、さらに1月4日の「追加コメント」では、次の指示を出した。

- 法改正により、2年後には子ども家庭福祉の指導者に関する資格化を実施する規定を設けるべき。職員の専門スキルを標準化して高めていくためには、指導的立場にある者の資格化が急務であるため。(「大臣指示」第1弾)
- 公的資格創設に向けて、期限を決めて内容や要件を検討。(「追加コメント」)

「新松原委員会」の報告書でも、「職員の専門性向上」の章で、「子ども家庭に関する専門の相談員としての新たな公的資格の創設」を提案していた。児童相談所職員の専門性に課題を感じている現場感覚なら、当然出てくる発想であろう。

「大臣指示」第1弾および「追加コメント」に対して、厚労省からは1月11日レクで、「具体的な制度の在り方（業務内容、活躍の場、資格取得の要件、試験・研修実施機関等）や他資格との関係（棲み分け）について、さらなる検討・調整が必要であり、法案成立後に具体的な在り方を検討」との答えが返ってくる。

これに対し、私からは1月22日の「大臣指示」第2弾で、「資格は、基礎資格の上に設ける方向で、検討作業を開始で合意」、「スーパーバイザーの任用資格に位置づけることを明記」との返答を行い、この時点では厚労省の方針を容認した。

こうして令和元年の児童福祉法等改正で、附則の検討規定に資格創設へ向けて1年間という期限を切って検討することが明記されたため、今度こそは本格的に検討されるはずだ。しかし平成28年改正後ただちに、私は資格化を検討する場を省内に設けたが、結果的に厚労省内で実際に検討されることはなかった。仮に28年改正時のように、役所との「口約束」

だけに留まるならば、事態は進展しない。法案もしくは政省令、通知等の公的な文言に落とし込むことが必要なのである。これまでの役所とのさまざまな経験から、そうすることこそが政策実現に向けた国会議員としての重要な仕事であり、役割だと再認識させられた。

衆・参両議院において「全会一致」で可決

「大臣指示」をもって厚労省とやり取りしたなかで、法改正に盛り込めなかったことも数多くある。例えば、翌年まで検討を先送りした司法関与や、中核市への児童相談所の必置化、児童相談所への弁護士の常勤・常駐化、子ども家庭福祉に関する資格創設等だ。

しかし法案提出期限を迎えるなか、「子どもの権利を規定した児童福祉法」に改正することを最優先に、最大限の努力をした。

法案提出期限の延長手続きまでしてギリギリまで改正内容を詰め、3月29日の閣議決定直前に「児童福祉法等改正案」を与党内プロセスで通すことができた。結果、第１９０回国会にて衆議院、参議院ともに与野党全会一致で、平成28（２０１６）年5月27日に「児童福祉法等改正案」は成立し、6月3日に公布された。

平成28年改正に積み残した「司法関与」の実現へ

平成28年５月に児童福祉法改正が成立した前後から、私は厚労省の事務方に、すぐに２年目の児童福祉法改正の検討に入ることを指示した。どうしても議論が整わずに先送りした「司法関与」について法改正を行うことがその中心の一つだった。なぜならば、第１章で示した通り、わが国は保護されるべきながら保護されないまま家庭に戻されたり、そもそも救出すらされない子どもたちが異常に多い、と国際的に異端視されている国である。

その解決方法の一つは、子どもを虐待を受けた家庭に戻すにしても、児童相談所の責任や司法の関与の下で、健全な養育環境を回復する仕組みの強化が必要だからである。

「司法関与」強化の検討には、厚労省だけでなく、当然ながら法務省と最高裁判所との綿密な協議が必要だ。法務省は霞ヶ関の官庁のなかでも、もっとも時間をかけ、慎重に検討するのが特徴だ。平成28年の児童福祉法改正の時には、法案提出まで2～3ヵ月というわずかな期間で改正内容を詰めきる必要があったため、残念ながら時間切れになってしまった。

ここで平成29年児童福祉法改正で実現した司法関与の新たな仕組み、およびその他の司法関与の拡充強化策を俯瞰したい（次頁の図中の数字は手続きの順番）。

虐待を受けている子どもの保護者に対する司法関与

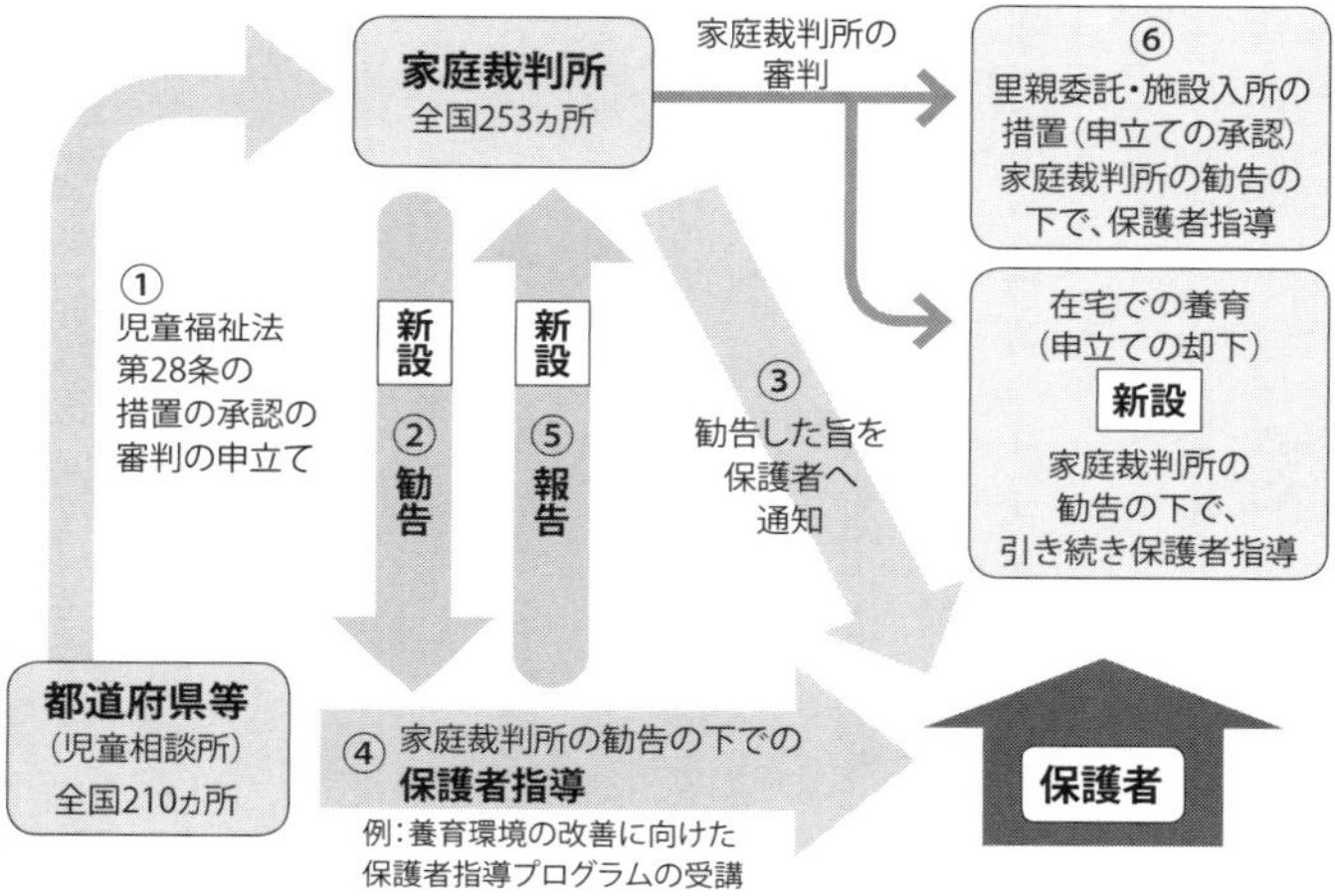

出典：厚生労働省「児童福祉法及び児童虐待の防止等に関する法律の一部を改正する法律案の概要」

実現したのは次の3点だ。

まず、まったく新しい制度として導入されることとなったのが、「虐待を受けている児童等の保護者に対する指導勧告」である。

これは、いわゆる「28条申立て」があった際、家庭裁判所が都道府県、より具体的には児童相談所に対し、保護者指導を行うよう勧告し、家庭裁判所は児童相談所長に勧告した事実を、保護者に書面にて通知するというものだ。これにより、保護者は児童相談所長からの保護者指導を確実に受けるよう、強く促す仕組みを担保したのである。

次に、「一時保護の延長審査に家庭裁判所の関与を導入」したことだ。児童相談所が行う一時保護を、親権者等の意思に反して２ヵ月以上行う時は、家裁の承認を必須とした。

３点目は、従来から家裁が行ってきた「接近禁止命令」を行えるケースの拡大だ。これにより、一時保護や施設入所措置の場合も、家裁は親権者等に「接近禁止命令」を出すことができるようになった。

注）「28条申立て」とは、親が同意しなくても、児童福祉法28条に基づいて児童相談所が裁判所に申立てて認められれば、強制的に親子分離をし、子どもを里親委託もしくは施設入所できること。

「在宅措置・通所措置」と「司法関与」との連続性

「裁判所からの保護者指導の勧告」は、実は平成28年改正で新たに導入した「在宅措置」および「通所措置」と、これを第一義的に市区町村に委託できるようにした改正との、連続的な運用が期待される新たな仕組みだ。

行政の家庭への関わり方は、虐待の比較的軽い段階では親子を分離せず、在宅支援や見守りのケースとして行政が家庭支援を行う。この段階が、平成28年改正で導入した「在宅措置」および「通所措置」と市区町村からの支援である。

しかし虐待が深刻化し、児童相談所が「28条申立て」により、親子分離を裁判所に求めざるを得なくなり、「保護者指導」が必要になった段階で求められるのが、平成29年改正による初めての「裁判所からの保護者指導の勧告」の制度だ。もし保護者が、保護者指導を拒否したり、状況が改善しない場合は裁判所によって親子分離が承認され、特別養子縁組や里親措置を筆頭に、特別なケアを要するケースには施設入所措置などの検討へと進んでいく。

行政は保護者支援から保護者指導へと、段階を経て関与を強めていく。しかし保護者は、行政からの関与を嫌い、支援や指導を拒むケースが後をたたないため、保護者支援や保護者指導の「実効性」が求められる。そこで、第三者的立場の司法が積極関与し、保護者が児童相談所からの保護者指導に確実に従うよう強く促す役割が期待されるのである。

平成29年の法改正では、前年の「大臣指示」で私が設置を指示した「4つの検討会」の中に、「児童虐待対応における司法関与及び特別養子縁組制度の利用促進の在り方に関する検討会」がある。ここで、平成28年改正において附則となった司法関与および特別養子縁組制度の見直しについて、専門家の方々に議論していただくことにした。検討会では、平成28（2016）年7月から、翌年3月までのわずか9カ月の間に、合計15回の議論の場を設けている。

特別養子縁組は、平成28年改正時の大臣指示で指摘した5つの項目――「年齢制限の見直し」、「児童相談所長の申立権」、「特別養子となった者の出自を知る仕組み」、「特別養子縁組成立後の支援の仕組み」、「民間斡旋団体に関連する施策」を中心に議論していただいた。ここでの議論をベースに取りまとめを行い、法務省にバトンタッチをしていった。

しかし、法務省や裁判所では、一時保護や保護者指導への司法による関与の必要性をなかなか認めようとしなかった。そのため、私は、自分自身が再び直接法務省と話すしかないと考えるに至った。

「司法関与」は積年の課題

平成28年児童福祉法改正で、新たな司法関与強化の仕組み導入を見送らざるを得なかった経緯、さらには平成29年の同改正に至るまでの厚労省、そして法務省、最高裁判所との議論は、日本の「司法の在り方」そのものに関わる根源的なものだった。

すなわち、子どもの権利保障という具体的な法益のために、三権分立の一角を占める司法は、座してその権利侵害の放置を許容するのか、それとも、司法の特性を発揮しながら、三権が連携し、国がもてる力を総動員して子どもの命と権利を守るべきか、という問いかけでもあったからだ。あるいは「受動的司法」か「能動的司法」かの違いと言ってもよい。

私は、児童福祉法の抜本改正を本格的に検討しはじめた平成27（2015）年春頃から、各所で日本では欧米と比べて児童福祉における「司法関与」が圧倒的に弱いことを再三耳にしていた。そのため、私自身も司法が児童福祉に関わることの勉強を進めていたが、その年の11月に福岡市児童相談所へ厚労大臣として視察を行った折に、同相談所の常勤弁護士である久保氏が作成された詳細かつ具体的な要望書を受け取った。

その要望書の司法関与の箇所には、以下のような現場の切実な声がにじみ出ていた。

① 児童相談所が行う保護者指導等は、保護者が指導を拒否することも多く、実効性に乏しい。また保護者が児童相談所を敵対視しやすくなり、その後の支援に支障をきたすことも多い。特に、深刻な虐待に対応する28条措置の申立てでは、第三者である裁判所が直接保護者に児童相談所等の指導に従うように命令できるようにし、虐待環境を確実に改善させる制度が必要である。

② 児童相談所が行う一時保護は「親子分離」、安全確認手段としての立入調査は「住居侵害」、接触機会の制約は「面会交流の制限」という、子どもの権利と親権に関わる重大な行政処分にもかかわらず、国民の権利保障を担うべき司法がまったく関与していない。この状況で、時には法的正当性に確信をもてずに児童相談所職員が行政

処分を躊躇し、その結果、時に子どもの尊い命が失われることもある。適切な司法関与によって法的正当性を担保し、現場が迅速に行動できる体制を構築すべき。

福岡児童相談所の視察後、こうした問題を即刻検討するよう、私は厚労省事務方に命じた。それに対し、翌月の12月には、久保弁護士の意見書に対する厚労省の大臣レクが行われた。しかし、厚労省事務方が持ってきた回答は、一時保護、立入調査、面会・通信制限等については、「引き続き検討」（霞ヶ関用語では「やらない」という意味）であり、特に法務省と最高裁判所の見解は、「必要性（現場で何が問題になっているのか）など立法事実が不明瞭であるとの認識」だった。

また、裁判所から保護者への直接命令については、「裁判所が保護者に対して直接勧告することは、司法の役割を超えるものであるから困難」と、三権分立を盾に「何もできない」と一蹴した。

これらの対応に、私は平成27年12月15日、協議・検討の上、1年以内に結論を得るべきとの「大臣指示」を発出する。それに対し、同月22日に行われた大臣レクで、法務省と最高裁判所は「協議すべき改正内容や、その前提としていかなる立法事実があるのか（具体的必要性）が明らかになっていないことから、現時点で協議の期限を区切るべきではない」

との回答だった。

これらのやり取りで、私が法務省事務方および最高裁判所との直接交渉に踏み出すしかないと考えるようになった。本来は厚労省こそが、児童福祉の所管官庁としてリードすべき立場であるはずだが、法務省の説得に抗して精力的に動く様子はなかった。ならば、政治家として法務省とこれまで構築してきた信頼関係のもとに、直接打開策を探ることにしたのである。

平成29年改正に結実した法務省の「決意」

平成28（2016）年1月。平成28年改正法の詳細を詰めつつあったこの時期に、私は厚労大臣として法務省の実務スタッフたちと相対での極秘協議を、同月内に2回行った。さまざまな議論を統一したうえで、法務省からは内々に基本的な考えが示された。それは、法務省と最高裁が子どもの健全養育環境づくりへの司法関与強化に肯定的姿勢を感じさせる内容であった。

それは、法務省が「家庭養育型司法関与の実現」の考え方を明らかにし、在宅処遇における裁判所主導によるシームレスな保護者指導を実現する。さらに、指導の実効性を高め、良好な家庭養育を確保する、との決意を感じさせるものであった。しかし平成28年改定では、時間的制約もあり、とりあえず附則の検討項目として入れ込むに留めた。

そして28年の秋も深まる頃、私は大臣として再び法務省と議論を再開した。一時、議論がデッドロックに乗り上げたこともあったが、年末には合意に達した。その内容は、裁判所が直接保護者に勧告・指導することに替え、児童相談所に対して保護者指導を勧告する形での司法関与の拡大と、裁判所による児童相談所への勧告の事実を、保護者へ文書で直接伝えることの法定化を行うというもので、「家庭養育型司法関与の実現」に関し、法務省および最高裁が、それまでに比べ、より積極的に子どもの権利保障に関わろうとする姿勢が示されていた。

一時保護についても、２カ月を超える際には裁判所の承認を必要とする制度に法務省は合意した。２カ月という期限が設けられたことで、安易な一時保護の延長はできなくなり、児童相談所にとっては早期に、家庭復帰か里親もしくは施設措置等をとるインセンティブが働くようになる。こうした法務省の姿勢の変化が、平成29年改正を可能にしていったと言えるだろう。

平成29年児童福祉法改正で日本の司法関与は質的な転換を遂げた。しかし、その関与の度合いは、いまだに欧米に比べて「20年遅れている」とも指摘されていることは忘れてはならないことである。「一時保護」、「立入調査」、「面会・通信制限」等における司法の事前承認が今なお未導入、との課題も残されたままだ。そのためには、平成29年の法改正に留まることなく、児童相談所職員が迅速に行動できる体制を、これからも不断に見直していかなければならない。

また今後は、権利侵害から子どもたちを法的な根拠の下で救い出すため、児童相談所がこれらの制度を日常的に使いこなせる力をつけていくことがきわめて重要だ。そのためには、弁護士等の法曹資格をもつ者が常勤で児童相談所に常駐し、法律に裏打ちされたソーシャルワークや子どもの権利を守ることができる体制を、可及的すみやかに全国的に整える必要がある。

できないからやらない、ではなく、やりながら改善する。そのようなスピード感で臨まなくては、日々起こっている悲劇の未然防止には至らない。子どもたちの健全育成のために、あらゆる面において「子どもたちの視点」から、すべての制度を見直していくことが、引き続き求められているのだ。

第3章　新たな哲学の実装

――「新しい社会的養育ビジョン」策定へ

大転換した社会的養育方針の実装に向けて

全会一致で可決された平成28年改正児童福祉法によって、子どもが権利の主体であることを初めて明確にすることができた。また、これまで手薄だった家庭への養育支援から代替養育までの社会的養育全体の充実とともに、養育形態の優先順位を示して「家庭養育優先原則」を法定化したことも画期的であった。

すなわち、仮に実親による養育が困難であれば、代替養育は家庭での養育を大原則とし、一時保護の段階を含めて里親による養育を強力に推進して、特別養子縁組による永続的解決（パーマネンシー保障）に本格的に取り組んでいくことを明らかにした。それらがいずれも困難な場合には、地域に溶け込み、分散化した小規模なグループホームのような施設までを、子どもの暮らす場、として想定することとなった。

そうしたわが国の新しい社会的養育の原則を実際に実現、社会実装していくには、今後、人材を育成しつつ相互に緊密に繋がる広範な社会的養育関連の課題について、一体的かつ包括的、抜本的な改革を行わなければならない。そして、関係者も新しい子ども家庭支援を実行するにあたり、古いパラダイムから脱却しなくてはならない。そのためにも、包括的な改革の後に実現していくべき「子ども中心の日本社会の未来の姿」を、一つの「ビジョン」として明確に示すことが、改正児童福祉法を所管する厚労省として急務であった。

振り返るに、私たちが野党であった2011年7月に、民主党政権の下で「社会的養護の課題と将来像」（以降「課題と将来像」）がとりまとめられた。それは、2015年から2030年までの15年間で実現すべき社会的養護のあるべき姿とされていたが、その将来像には、子どもが権利の主体であるという理念も、子どもの最善の利益を優先させる原則も、明確な内容を伴う家庭養育優先原則も存在しなかった。子どもの発達、発育という理論的な裏打ちも乏しく、戦争孤児の施設収容が基本だった旧児童福祉法を踏襲したまま、子どものニーズより、子ども以外の利害関係者の都合に配慮した妥協の産物、との様相を呈するものだった。

そこでは15年後にめざすべき社会的養護は、「里親およびファミリーホーム」、「グループホーム」、「ユニット型の本体施設」の構成割合が「概ね3分の1」ずつとされ、子どもの養育に関する「哲学」が感じられないとの批判の声が現場から上がっていた。というのも、子どもの健全な発育にとってもっとも重要な、特定の大人との愛着形成を通じた育ちを確保し得る「里親」の割合は30％強と、欧米の50～80％と比べて、はるかに低い。一方で「グループホーム」と「ユニット型本体施設」という「施設系」を合わせれば、引き続き要保護児童の3分の2は「施設」に収容されることになる。それも、滞在期間の短縮化には触れないまま、長期間施設で預かったままという、子どもにとって重要な「健全な育ちや発達」を顧みない「施設経営優先」との指摘も多く聞かれる将来像だった。

特にこうした懸念に対し、平成28年改正児童福祉法で初めて第3条として導入された「家庭養育優先原則」によって、「里親および特別養子縁組」、「小規模かつ地域分散化施設」までが「できる限り良好な家庭的環境」とされ、「大舎等の本体施設」および「ユニット型本体施設」は法律上、代替養育形態の選択肢の外に置かれることとなった。

もちろん、改正児童福祉法の下でも「施設」は、措置方針決定までのごく短期間の入所先として引き続き重要であり、新たに、「ケアニーズの非常に高い子ども」のための高機能化された入所施設として、また、地域における家庭養育への早期支援や里親委託後や特別養子縁組後のアフターケアなど、多様かつ重要な役割を担う。それは、施設のあるそれぞれの地域で期待される存在になるだろう。しかし、あくまでも要保護児童の中心は、「家庭における養育と同様の養育環境」、すなわち「里親家庭」や「養親家庭」になったのだ。

4つの検討会・WGの創設

こうした抜本的改革が平成28年の児童福祉法改正で行われたにもかかわらず、現場では、旧態依然とした「課題と将来像」を基にした「都道府県社会的養育推進計画」が平成26（２０１４）年にスタートしたばかりだった。そのため、「課題と将来像」に替わる改正児童福祉法に基づく新しい指針を早急に作成し、都道府県にはその指針に沿った新たな計画の策定をお願いしなければならなかった。「仏つくって魂入れず」では、子どもたちに対して責任が果たせないこととなる。

そこで私は、28年改正の国会審議の質疑の場において、明確に、そして繰り返し、「課題と将来像」はゼロから全面的に見直すこと、そのためには新たな社会的養育の在り方に関する検討チームを立ち上げて新しいビジョンを作成することを宣言した。国会での審議がまだ続いていた平成28年5月に、すでに厚労省の事務方に対して「大臣指示」を出し、6月28日の記者会見においては、検討会を複数つくることを公にした。

最終的には、「課題と将来像」を全面的に見直し、新たな社会的養育に関するビジョンを作成するとともに、広範な改革を分担所掌するいくつかの検討会を取りまとめる「親」検討会を、「大臣直属」で設置することにした。その「親」検討会が他の３つの局長の下の検討会を統括する形で、合計4つの検討会を平成28年の8月までに厚労省内に設置した。
それらの4つの検討会は、以下の通りだ。

◎「新たな社会的養育の在り方に関する検討会」（「親」検討会）

○「児童虐待対応における司法関与及び特別養子縁組制度の利用促進の在り方に関する検討会」

○「子ども家庭福祉人材の専門性確保ワーキンググループ（以下WG）」

○「市区町村の支援業務の在り方に関するWG」

新しい社会的養育のビジョン作成を最大のミッションとしてスタートした「親」検討会の座長には、社会的養育の分野で早くから先進的な提言を続けておられる、この道の第一人者である奥山眞紀子氏（国立成育医療研究センターこころの診療部統括部長 当時）にお願いした。

平成28年8月。いよいよ新しいビジョンづくりと、その下で新しい社会的養育環境を実現するための、広範な関連制度等に関する改革の検討が始まった。

ロジャー・シングルトン卿からの学び

私はその年の秋までにビジョン策定をめざしていたのだが、思うようには進まなかった。またたく間に平成28年11月半ばも過ぎ、冬の気配を感じはじめた。「新たな社会的養育の在り方に関する検討会」は５回目の会議を終えていたが、まだ新しいビジョンの策定に向かっているとの報告は得ていなかった。

そんな折、日本財団の笹川陽平会長のご厚意により、自民党の児童養護議連に、イギリス・バーナードス（児童福祉チャリティ団体）の元代表であるロジャー・シングルトン卿をお招きして話をうかがった。氏は30年ほど前に、自らが経営していた被虐待体験等をもつ子どもたちの大規模入所施設を「家庭養育」へ転換する大改革を行い、その後、英国政府に対して社会的養育に関するアドバイスをする立場にあった。

ちなみに、イギリスの要保護児童の里親委託率は、21頁の表で見たように２００９年のデータであるが71・７％（日本は２０１９年３月末で20・５％）、特別養子縁組においては人口10万人あたりの成立件数が８・44件（日本は０・49件）と、世界的に見ても里親委託や特別養子縁組の割合が多い国である。

その背景には、イギリスでは１９７０年代から80年代にかけて、児童保護機関（日本における児童相談所に相当する機関）が関与した事業で子どもの死亡事件が相次いで発生したために、児童法を制定、ガイドラインを作成して、子どもの施設入所よりも養子縁組や里親家庭での家庭養育を強力に推進してきた経緯がある。多くの研究者による調査が継続され、今日まで家庭養育実現に向けたガイドラインの改訂を繰り返してきている。

シングルトン卿の講演は、自らディレクターとして長年携わった入所型の施設の話から始まった。そこで経験したのは、施設で養育されている幼児たちは、一般家庭の子どもに比べて、「人の顔を見て笑うことができない」、「刺激にうまく反応することができない」、「栄養は整っているのに食欲がない」、「体重が増えない」、「不眠」、「積極性に欠ける」といったさまざまな課題を抱えていることだった。子ども一人に対して複数の大人が担当するため、子どもたちは誰を頼っていいのかわからないまま、特定の大人との間に愛着形成ができずに健全な発育をしていなかったという。

シングルトン卿は、施設の代表に着任して間もなく、なんと、その施設の「閉鎖」を決断された。その意図は、「子どもたちを家族のもとに戻す」、「里親ケアか養子縁組をする」というものだった。

「日本は今、何をすべきか？」との私の問いかけに対し、シングルトン卿は、「日本は家庭養育優先原則への抜本的法改正を行った今、次にやるべきことは明らかだ。それは『新規施設入所を停止する』ことだ」との、担当大臣として思いもつかなかった明確なメッセージをいただいた。まさに、目から鱗が落ちる思いだった。

入所させない代わりに、子どもたちを家族のもとに戻すための慎重なアセスメントを行い、戻れそうであれば家庭の経済状況や祖父母にあたる家族が子どもを養育する力があるか否か、どのようなサポートがあれば戻ることが可能かを検討し、戻れそうもない場合には里親、養子縁組を支援する。実際にそうしてきたシングルトン卿は、養護施設運営から、子どもはもとより親や里親をケアし、サポートする役割へ、自らの立ち位置を変えていったという。聞けば、「施設入所の停止」という決断に、当初は、施設経営が成り立たないとの懸念や、施設で働く人々からは失業への危惧など、かなりの反発や批判があったそうだ。しかし、今は施設経営者も、シングルトン卿と同様に自らの専門能力と知識を一段と培い、その役割を進化させ、職員は専門職としてのスキルアップを行い、地域における子ども、家庭、里親、養親をサポートする新たな職能を発揮しているという。

私は、シングルトン卿がイギリスの実体験を包み隠さず話してくれたことで、新たな希望を見出した。なぜならば、30年前のイギリスも、日本と同じ状況だったことが分かったからだ。

ちなみに現在のイギリスでは、11歳以下の社会的養育が必要な子どもたちのほとんどは、施設ではなく里親や養親とともに家庭で暮らしているという。ちなみにドイツでも、未就学児、すなわち満6歳までの子どもは原則施設には入れず、里親や養子等によって家庭で養育されている。

譲れない「家庭養育原則」の徹底

ビジョン策定のための検討会の開催回数は、平成29（2017）年2月末までに「新たな社会的養育の在り方に関する検討会」が10回、「児童虐待対応における司法関与及び特別養子縁組制度の利用促進の在り方に関する検討会」は13回、「子ども家庭福祉人材の専門性確保WG」は5回、「市区町村の支援業務の在り方に関する検討WG」は6回を数えるまでになっていた。

70年前に制定された児童福祉法の根本的な変革により、法律と現場の間をつなぐ新たなビジョンづくりは困難を極めていたのだ。多忙ななか、時間を割いて出席していただいた検討会の構成員の方々や、さまざまな意見を取りまとめる座長の皆さまのご苦労には頭が下がる思いだが、議論が一日長引けば、子どもの人生の一日が失われる。幼い子どもにとっての一日は、大人よりも貴重ではないだろうか。一刻も早く結論を出していただかねばならないと、気持ちはあせるばかりだった。

３月16日、私は厚労省の事務方に対して「新たな社会的養育の在り方検討会」の議論は、遅くとも６月までに報告書を取りまとめることを指示した。６月に期限を区切ったのは、政府の「骨太の方針」に間に合わせるためだった。

だが６月になっても新しいビジョンはまとまらず、厚労省は８月頃に「中間まとめ」、その年の11月頃に「取りまとめ」を出す日程を提示してきた。私はこのスケジュールに同意せず、必ず７月中にまとめるように指示を出した。こうして専門委員の皆さまには多大なご負担をかけて、５月〜７月の間は急ピッチで作業をお願いすることとなった。しかし、そのお陰で、８月２日についに「新しい社会的養育ビジョン」（以降、「新ビジョン」）が公表された。それは、私が大臣を退任する前日のことだった。

新しいビジョンの革新性

「新ビジョン」は、厚労省のホームページに公開されているので、多くの方にぜひ目を通していただきたい。この報告書には、従来の厚労省の報告書とは異なる特徴がいくつかある。

第一に、原案の執筆において、検討会の先生方が直々に筆を執ってくださったことだ。通常、この種の報告書は事務局を務める厚労省が原案を作成し、委員の意見を事務方が斟酌して修文していく。しかし「新ビジョン」は、原案の作成自体を児童発達心理学や社会養育を専門とする先生方が行った。

したがって、エビデンスに基づく一貫した論理性と哲学的整合性をもち、改正された児童福祉法の理念実現のための子ども主体の視点が徹底された取りまとめになっている。文章も、わかりやすく平易な表現を心がけつつも、日本の知性を象徴するかの如く、きわめて格調高いものだ。

第二に、冒頭部分に「サマリー」として、本文の要点をまとめた5頁を設けたことだ。実はこれは私からの要請でもあった。多忙な

「社会的養護の課題と将来像」（2011年7月）

【家庭的養護】 ●里親 ●ファミリーホーム	今後十数年をかけて、 **概ね1/3**
【できる限り家庭的な養育環境】 ●小規模グループケア ●グループホーム	今後十数年をかけて、 **概ね1/3**
【施設養護】 ●児童養護施設 ●乳児院等（児童養護施設はすべて小規模ケア）	今後十数年をかけて、 **概ね1/3**

「社会的養護（代替養育）を必要とする子ども数」の考え方の相違点

…18歳未満人口の**1割縮小**が見込まれており、**これと同様の推移を見込む**か、（略）、少なくとも**対象児童は減少しないと見込む**ことが考えられる。

新しい社会的養育ビジョン」の数値目標および期限

「新しい社会的養育ビジョン」（2017年8月）

①【家庭】●実父母や親族等

②【家庭における養育環境と同様の養育環境】

		現状
特別養子縁組成立数	概ね5年以内に年間1000人以上、その後も増加	616件/年（H29年）
里親委託率		19.7%（H30.3時点）
3歳未満	概ね5年以内に75%以上	
それ以外の就学前	概ね7年以内に75%以上	
学童期以降	概ね10年以内に50%以上	

③【できる限り良好な家庭的環境】
●小規模かつ地域分散型施設

【施設の新たな役割】
施設入所は、措置前の一時的な入所に加え、高度専門的な対応が必要な場合が中心。高機能化、多機能化を図り、地域で新たな役割を担う。

「社会的養護（代替養育）を必要とする子ども数」の考え方の相違点

…市区町村の支援の充実により、潜在的ニーズが掘り起こされ、代替養育を必要とする子どもの数は増加する可能性が高いことに留意して計画を立てる。

【出典】厚生労働省「新しい社会的養育ビジョン」及び「社会的養護の課題と将来像」より塩崎恭久事務所作成

政治家や分野外であってもできるだけ多くの方々に読んでいただくには、50頁もの報告書は長すぎる。この「サマリー」のお陰で、「新ビジョン」の要点が比較的短期間に、議員だけでなく多くの方に伝わったのではないかと思う。

「新ビジョン」が、児童福祉に携わる関係者に大きな衝撃や一部からの反発があったのは、その里親委託に関する「数値目標」が、これまでの発想から見ればかなり「野心的」に映ったからだろう。

しかし、わが国の社会的養育の哲学の大転換である法改正に伴うビジョンならば、明確かつ具体的な数値目標がなければ新しい「政策体系」とは言えない。法律の忠実な執行を担う行政の責任も果たせない。その意味では、批判を恐れずに「家庭養育優先原則」の基本に則った野心的な「数値目標」を掲げたのは、民間有識者の方々の素晴らしいリーダーシップの現れだと思う。今回作成した「新ビジョン」と2011年に作成された「課題と将来像」との違いを比較しながら見ると、前頁のようになる。

まず着目すべきは、「課題と将来像」は要保護児童数の見込みを「減少か横ばい」としていたのに対し、「新ビジョン」は「潜在ニーズが掘り起こされ、代替養育を必要とする子ども の数は増加する可能性が高い」との前提で、現状に即したものになっている。

そして、もっとも大きな違いは、「課題と将来像」では里親とファミリーホームで「概ね3分の1」だった目標が、「新ビジョン」では里親を「75%以上」にするとし、その期限も「今後十数年をかけて」から、最短で「3歳未満は概ね5年以内」、「それ以外の未就学児は概ね7年以内」となったことである。

施設については、就学前で25％、学童時で50％と大幅に割合を低下させ、特に就学前の子どもの「新規措置入所の原則停止」が謳われ、「高機能化、多機能化を図り、地域で新たな役割を担う」という質的な転換が求められた。

これらの「数値目標」や「達成期限」は、平成28年改正法の考えを具体化すれば当然こうなるというものばかりであるから、私はこの「新ビジョン」を大変心強く思っている。

大臣退任後の攻防

全国の社会的養育関係者に大きな驚きと衝撃をもって受け止められた「新ビジョン」の数値目標は、今後の日本の社会的養育にとって新たな基本的かつ重要な方針から必然的に導き出されたものだ。だからこそ養育上の問題を抱えるすべての子どもたちのために、必ず達成しなければならないものだと思う。

特に今後の施設形態についてはきわめて詳細に、入所児童の要件も示されている。施設は今後すべてが「小規模かつ地域分散化」して生まれ変わること。さらに、「ケアニーズの非常に高い子ども」などを受け入れる大規模な施設でも、「４人の生活単位が最大で４単位まで」とした。したがって新たな機能を担う施設は、最大で16人の高機能化した施設に進化していくことになったのだ。そのためにも、中途半端な位置づけで、家庭養育優先原則にそぐわない、そして施設内性暴力の温床にもなっている施設内ユニット型施設については、概ね10年で解消し、小規模かつ地域分散型施設へ完全に転換することとしている。

「新ビジョン」が策定された翌日の8月3日、私は厚生労働大臣を退任した。

就任期間中、多くの方々のご尽力もあって、前章で述べたように平成28年の児童福祉法改正および、その積み残した課題の実現へ向けて、平成29年改正として成立させることができた。2年連続で2度の法改正を行い、その法律を現場で実現させていくための道標である「新ビジョン」もまとめることができた。今後も「新ビジョン」における数値目標や施設形態の将来の在り方を踏まえ、新たな社会的養育のあるべき姿をめざして、皆で汗を流さなければならない。

しかし、任期最終日とはいえ、大臣が正式に受け取った「新ビジョン」であるから、当然、これらがそのまま実行に移されると理解していた私はまだ〝初心《うぶ》〟だったのだろう。詳細は次章に譲るが、以降、私の大臣退任を契機として「新ビジョン」を快く思わない勢力との攻防は一層激化し、自民党の一議員として今度は閣外からこの闘いにかかわっていくことになる。

第4章　児童養護行政の道標となるべく

——「都道府県社会的養育推進計画の策定要領」へ

まるで時計の針の逆戻り

児童福祉法の改正を受け、各都道府県は、旧児童福祉法の下で作成された「課題と将来像」に沿った児童養育、とりわけ代替養育に関する計画を、改正法の「新ビジョン」に従って全面的に見直す必要があった。それをどのような考えに基づいて、いかに行うべきか、というガイドラインが、厚労省の局長通知である「都道府県社会的養育推進計画の策定要領」（以下、策定要領）である。常識的に考えれば、平成29年度末までには厚労省から各都道府県に発出されるべきものだった。

２年連続で抜本的に改革された改正児童福祉法、その哲学を社会実装するための道標として描かれた「新ビジョン」が揃ったところで、私は厚労省の大臣を退任することとなった。

正直なところ、全国津々浦々にまで、改正法の考え方に基づく子どもたちの暮らしが変わっていくには、さまざまの困難が伴い、時間がかかるだろうと考えてはいたが、よもや「時計の針の逆戻し」が、私の大臣退任後、このような早いタイミングで、しかも組織的に行われるとは思っていなかった。

大臣を退任した４カ月あまり後の平成29（２０１７）年12月13日、東京で全国社会福祉協議会の社会的養護を担う児童福祉施設長研修会が開催された。そこに出席していた厚労省子ども家庭局の専門官から、「行政説明」が行われたという。その概略は次のようなものだったとの情報を得て、わが耳を疑った。

「今回の『新しい社会的養育ビジョン』は、あくまでも大臣が任意に設置した大臣直属のワーキンググループにおいて策定されたものであり、このまま制度に反映されるものではない。したがって、去る10月初旬に設置された社会保障審議会の新たな検討の場としての専門委員会において正式に議論の上、修正し、制度に反映させる」

このことから、改正法の新しい理念を実現するための社会的養育施策について「検討する」とされ、新しい専門委員会では、その実、「新ビジョン」を修正、見直しする。目の前に迫っている「策定要領」作成は、児童相談所や児童養護施設等、各方面から押し寄せている「新ビジョン」への反発、不満、不安を受け止め、全面的に修正を加えて、年度末に合わせて「策定要領」を発出しようとしているのではないか、と私は推測した。

平成29（２０１７）年12月22日、厚労省は社会保障審議会児童部会「社会的養育専門委員会」において、策定要領案（骨子案）を提示した。案の定、その内容は改正児童福祉法における新たな哲学やその理念実現のための「新ビジョン」の考え方から大きく乖離したもので、到底受け入れられないものだった。

つまり、「これまでの児童養護の取り組みはまったく不充分なので、抜本的に変わるべき」としている「新ビジョン」に対し、骨子案は自治体に対して「変わりたいところは変わってもいいが、変わらない選択肢もある」と言っているに等しい内容であった。

これは、児童養護施設や児童相談所の現場への厚労省による気遣いなのだろうが、児童福祉法で気遣うべき対象は、子どもでなくてはならない。私は行政としてあり得ない、と憤りを感じた。立法府の総意をなんと心得るのだろうか。平成28年、29年の改正法がともに国会において全会一致で成立し、その具体化の道筋を示した「新ビジョン」がかくも詳細な内容で発表された以上、私は、その方針通りに進んでいくものとばかり思っていただけに、大きく失望するとともに、改正児童福祉法と「新ビジョン」を守るために、「策定要領」をめぐる新たな闘志が湧き、困難な養育環境に置かれた子どもたちのために必ず法改正の理念を実現しなければならないと決意した。

その反転攻勢の舞台となったのは、私が会長を務める自民党の「児童の養護と未来を考える議員連盟」(以下、議連)だった。新たに事務局長に就任していただいた牧島かれん衆議院議員らが中心となり、今、目の前で起きている「新ビジョン」後退の動きを、仲間の自民党の国会議員と共有し、ともに反論の気運を練り上げていってくれた。そして厚労省と徹底議論する場として、議連を最大限稼働させていったのである。そのためにも、議連の会合はいつもマスコミにオープンにし、広く民間の関係者にも出席案内を欠かさず、永田町・霞ケ関の外の多くの市民にも理解していただくことを心がけた。
平成30（２０１８）年1月13日の議連では「策定要領」をテーマに開催し、そこでの議論を基に、牧島かれん代議士との連名で、次に示すような厚労省の骨子案に対する修正案を提出した。同時に、この修正案を次回の「社会的養育専門委員会」で配布するよう厚労省に求めた。つまり、議会の多数を占める与党の考えと厚労省の「骨子案」では大きなズレがあることを、公に、専門委員会の方々にも周知していただくことにしたのだ。

修正提案の考え方【抜粋】

衆議院議員　塩崎恭久、牧島かれん　２０１８年1月13日

1　「都道府県推進計画」の全面見直しの必要性

●平成28年改正の際の大臣答弁に基づいて、「新しい社会的養育に関する検討会」が設置され、「社会的養護の課題と将来像」を全面的に見直し、「新しい社会的養育ビジョン」（平成29年8月）が策定された。従って、都道府県推進計画も「新しい社会的養育ビジョン」に則って全面的に見直されるべき。

●今回の厚生労働省の「都道府県計画の見直し要領（骨子案）」は、以上の考え方が決定的に欠けており、改正児童福祉法や「新しい社会的養育ビジョン」に基づいていない点が随所に見られた。

2 「新ビジョン」に則った都道府県推進計画骨子案に修正すべき

●優先的に考慮すべきは「サービス提供者」ではなく、「子どものニーズ」であること。

●都道府県も「ビジョン」に基づいた数値目標が必要。

●都道府県推進計画の数値目標算出方法として、「家庭養育優先原則」および「パーマネンシー保障」に関する「ビジョン」に基づく計算式を提示。

●今後の施設養護（一時保護施設を含む）は「家庭養育優先原則」に従って、小規模かつ地域分散化が原則。

＊この時に専門委員会で配布された自民党議連からの修正案は、厚労省ＨＰで、「当日配布資料」としてダウンロード可能。

その結果、厚労省は、早ければ1月31日の専門委員会での取りまとめをめざしていた「策定要領」を、この時点では保留として「事務局預かり」とする。以降、厚労省からも、われわれの案に対して再提案があり、またこちらから打ち返すというやり取りが、年度をまたいで２０１８年６月末までに合計10往復以上続いた。

2つの争点、「里親の数値目標」と「施設の小規模化」

「策定要領のなかの政策」についてはさまざまな争点があったが、最後まで厚労省の担当者と大きな意見の隔たりがあったのは、主に以下の２点だった。

①里親等委託率に関する「数値目標」と「期限」の設定

これは最大の争点であった。平成28年の改正児童福祉法が「家庭養育優先原則」を明確に定めたことを受け、「新ビジョン」では里親等委託率を、「3歳未満の乳幼児は概ね5年以内、就学前までの幼児は概ね7年以内に75％以上の実現」をめざし、「学童期以降では50％以上を概ね10年以内」に実現するとの数値目標を示した。

これに対し、厚労省の当初案では「国全体としてはできるだけ早く75％、50％以上を実現できるよう都道府県を支援する」と、きわめて曖昧な表現に留まり、都道府県には目標も期限も要求しない、と腰の引けた対応だった。

平成28年度末の全国平均の里親等委託率が18・3％だから「75％達成は土台無理」、「地域性を無視した全国一律の数値目標設定は非現実的」といった目標値や一律性に対する反発、さらには「里親の増加で入所する子どもが減る」と経営上の危機感を募らせる児童養護施設や、「いっそう繁忙を極める」との児童相談所の声などをバックにした慎重論が、議連でもたびたび国会議員によって代弁され、議論が繰り返された。

しかし、議連の勉強会においては、改正法に沿ってすでに自ら変革努力を始めている乳児院や児童相談所長、里親を推進するフォスタリング機関、特別養子縁組斡旋機関等々、「家庭養育優先原則」を実践しようとする方々からもお話をうかがい（議連での講師一覧は資料220頁〜参照）、説得力ある現場からの報告を聞くうちに、国会議員の間でも徐々に家庭養育優先原則の実現性への理解が深まっていった。

一方、厚労省は、最後まで「数値目標や期限設定に際しては、地域の実情を踏まえて設定する」と主張し続け、私たちが「子どもの権利と家庭養育優先原則に地域性はない」と文書で何度も修正提案しても、却下し続けた。すなわち、子どもの権利や最善の利益に「地域性」があるはずもなく、新たに法律に明記された子どもの権利から考えれば、現状の里親等委託率が低ければ数値目標も低く、との論は成り立たないと反論した。

改正児童福祉法の下で、すべての子どもたちは等しくその権利が守られ、最善の利益が優先されることが明文化された。そこにおいて地域のバラツキは許されないのだ。こうした主張はなかなか厚労省にとりあってもらえなかったが、私たちはいつまでもどこまでも頑張り続ける覚悟で、「議連の同意なしの『策定要領』発出」は断じて許容できないことを念押し続け、次第に事態はチキンレースの様相を呈していった。

そんな折、平成30年の６月に入って「結愛ちゃん事件」が大きくマスコミに取り上げられるようになった。本書の冒頭でも紹介した結愛ちゃんが書かされた「反省ノート」の切なく哀しい訴えが多くの人の心を動かした。こうした世論の流れに、厚労省も最後は私たちが唱え続けた考えを是認せざるを得なくなった。いわば、結愛ちゃんが厚労省やそのバックで慎重姿勢を貫いていた人々を動かしてくれたのではないか、と感慨深い。

こうして、最終的に厚労省と合意した「策定要領」の表現は以下のようになった。

> 都道府県においては、これまでの地域の実情は踏まえつつも
> ①子どもの権利や子どもの最善の利益はどの地域においても実現されるべきものであること。

②（国全体の）数値目標を念頭に置き、個々の子どもに対する充分なアセスメントを行ったうえで、代替養育を必要とする子どもの見込み等を踏まえて数値目標と達成期限を設定する。

都道府県が考慮すべきは、この①と②の2項目だけであり、「地域性」に逃げ込めないことを明確にしたのだ。

もちろん、数値目標達成が自己目的化し、子どもたちが機械的に扱われることは許されない。あくまでも子どもの置かれた個々の事情を踏まえて、充分なアセスメントを行ったうえで、具体的な措置をとるべきなのが前提である。

さらに国の責務として、「国としては、……委託率の引き上げの進捗と子どもの状況について丁寧にフォローし、都道府県の代替養育を必要とする子どもの状況や里親等委託の取り組み状況を評価し、支援の在り方や進め方について検証する。進捗状況は、毎年、公表する」こととした。

国はこれまで、こうした問題を多くの場合、地方に丸投げで任せ、実態把握すらしないできてしまった。しかし、今後はそのようなことは許されず、つねに全国に目を配り、健

都道府県別の里親等委託率

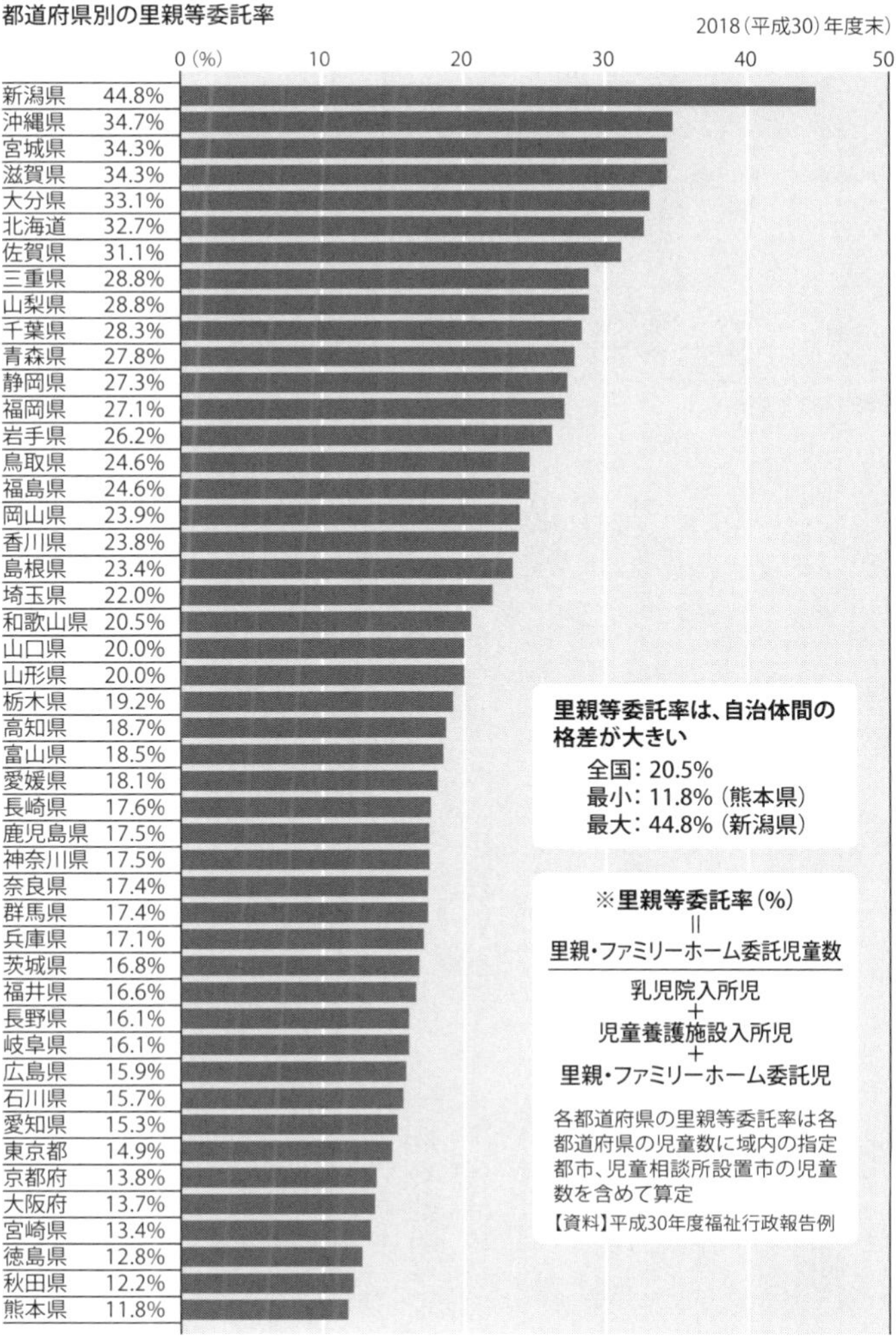
2018(平成30)年度末
0 (%)
10
20
30
40
50
新潟県 44.8%
沖縄県 34.7%
宮城県 34.3%
滋賀県 34.3%
大分県 33.1%
北海道 32.7%
佐賀県 31.1%
三重県 28.8%
山梨県 28.8%
千葉県 28.3%
青森県 27.8%
静岡県 27.3%
福岡県 27.1%
岩手県 26.2%
鳥取県 24.6%
福島県 24.6%
岡山県 23.9%
香川県 23.8%
島根県 23.4%
埼玉県 22.0%
和歌山県 20.5%
山口県 20.0%
山形県 20.0%
栃木県 19.2%
高知県 18.7%
富山県 18.5%
愛媛県 18.1%
長崎県 17.6%
鹿児島県 17.5%
神奈川県 17.5%
奈良県 17.4%
群馬県 17.4%
兵庫県 17.1%
茨城県 16.8%
福井県 16.6%
長野県 16.1%
岐阜県 16.1%
広島県 15.9%
石川県 15.7%
愛知県 15.3%
東京都 14.9%
京都府 13.8%
大阪府 13.7%
宮崎県 13.4%
徳島県 12.8%
秋田県 12.2%
熊本県 11.8%
里親等委託率は、自治体間の格差が大きい
全国: 20.5%
最小: 11.8% (熊本県)
最大: 44.8% (新潟県)
※里親等委託率(%)
=
里親・ファミリーホーム委託児童数
乳児院入所児
+
児童養護施設入所児
+
里親・ファミリーホーム委託児
各都道府県の里親等委託率は各都道府県の児童数に域内の指定都市、児童相談所設置市の児童数を含めて算定
【資料】平成30年度福祉行政報告例

【出典】厚生労働省

児童養護施設の「小規模かつ地域分散化」の状況

■入所児童数ベース（児童養護施設数602ヵ所）　2017（平成29）年10月

	入所児童総数	敷地内施設				小規模かつ地域分散型施設（「できる限り良好な家庭的環境」）		
			大舎等	「小規模グループケア」			分園型	地域小規模児童養護施設
				「施設内ユニット型」	「別棟」			
人数（構成比：%）	**26,265（100.0）**	**23,281（88.6）**	**15,245（58.0）**	**6,258（23.8）**	**1,778（6.8）**	**2,984（11.4）**	**789（3.0）**	**2,195（8.4）**

【出典】厚生労働省

全養育という子どもの権利が日本中どこでも守られるように、都道府県の代替養育の実態は国民全体に明らかにされることを明確にすることができた。

②施設の「小規模かつ地域分散化」の推進

もう一つの大きな争点だったのは、施設の「小規模かつ地域分散化」の問題である。

具体的には、大舎と言われる大きな児童養護施設本体をワンユニットを６～８人に分割改造し、便宜上生活単位の「家庭」を「擬制化」して、いわゆる「ユニット型小規模施設」を今後とも認めるか否かだった。

前章でも述べたように、自民党が野党だった平成２３年に「課題と将来像」で社会的養育に関する政府の考え方が示された。その際、確固とした根拠もなく「里親３分の１、グループホーム３分の１、本体施設でのユニット型３分の１」との数値目標が設定された。

それが今回の改正児童福祉法や「新ビジョン」では、基本哲学として、「家庭養育優先原則」が明確化され、養育の優先順位は①「家庭」（実の親）→②「家庭における養育環境と同様の養育環境」（特別養子縁組、里親・ファミリーホーム）→③「できる限り良好な家庭的環境」（小規模かつ地域分散化施設）とし、施設は今後、措置前の一時的な入所、もしくは高度専門的な対応が必要な場合の受け入れ先となり、その高機能化、多機能化が期待され、地域で新しい役割を担うことになった。したがって小規模施設は、あくまでも地域に分散され、地域コミュニティに溶け込んだものとして位置づけられることとなったのである。

しかしながら現状では前頁の表に見るように、施設に住む子どもたちの大半（88・6％）が本体施設敷地内で暮らし、そのなかでもユニット型が増えている（23・8％）。こうした現状を踏まえ、厚労省との間で、たとえ過渡的に本体施設のユニット化を経る場合であっても、概ね10年程度でユニット型は必ず解消し、小規模かつ地域分散化および多機能化・高機能化への転換を、全面的に実現する「計画」を各施設が策定することを条件とすることで合意した。

また、昨今注目されているように、施設内の子ども同士の性暴力の横行は、大舎に加え、事実上大舎と変わらないユニット型施設の居室を中心に行われている（次頁の表参照）。子どもたちの間での支配的な人間関係を背景とする行為として後を絶たない性暴力を根絶す

性的な問題が見られた養育施設：養育（生活）単位の形態（述べ問題数ベース）　2019年

	施設敷地内	大舎（20人以上）	中舎（13~19人）	小舎（12人以下）	小規模グループケア（敷地内で行うもの）	分園型小規模グループケア（地域小規模児童養護施設含む）	無回答
児童養護施設（n=1,218）	1,148	372	264	234	278	67	3

【出典】平成30年度 厚生労働省委託事業
「児童養護施設等において子ども間で発生する性的な問題等に関する調査研究」報告書

るためには、従来型ユニット施設のほとんどを「小規模かつ地域分散型施設」にするとともに、非常に高度なケアを必要とする子どものために本体施設を残す場合においても職員配置を厚くすることが必要である。

内外の組織や人も巻き込んで

平成30（２０１８）年7月に最終的に前述のような「策定要領」にまとまるまでに、改正児童福祉法や「新ビジョン」の哲学とはかけ離れた考え方に基づいた「策定要領」案を示す厚労省に対し、私たちは合計10回にわたる修正要求を行った。

先に述べたように、まず平成30年1月15日に「塩崎・牧島修正提案」として厚労省に提出し、同じものを1月31日の社会保障審議会児童部会 社会的養育専門委員会の資料として配布したのを皮切りに、修正提案を繰り返した。ところが平成30年４月中旬にこちらから修正案を送って以降、厚労省との協議はストップした。本来であれば厚労省は、年度内の平成30年３月末までに「策定要領」をまとめ、自治体に送り、平成31年度の１年間をかけて、「都道府県実行計画」をつくるように求めるつもりだったが、事態は膠着した。

平成30年４月、厚労省との間の膠着色が濃厚さを増すなか、状況の解決につながり得る展開があった。「新ビジョン」の議論の過程で、これに一貫して反意を示してきた全国児童養護施設協議会（以下、全養協）の桑原教修会長が私に面談を求めてきたのである。

全養協は、「児童養護施設」の全国組織だ。「新ビジョン」の「数値目標」や、「就学前の子どもの原則施設への新規措置入所停止」、「小規模・地域分散化施設推進」等の方針に、もっとも強く反対の姿勢を示してきた団体だ。

したがって、全養協が改正児童福祉法と「新ビジョン」の哲学に理解を示し、施設が高機能化し、地域での新しい役割を担うことを許容するならば、子どもたちの未来に向けた新たな展開が可能になる。施設が生まれ変わり、新たな機能を発揮するための予算措置等が必要であれば、私たち議連がしっかりサポートしたいと考えていた。このような考えに理解のあった桑原会長と水面下の話し合いを重ねた結果、以下のような意見の一致を見た。

①小規模かつ地域分散化施設の職員配置基準を「４対１」から「１対１」へ改善する。
②細やかなケアニーズを要する子どもには、より手厚い配置基準とする。

「幻の要望書」となった全養協の要望書

平成 30 年 4 月 28 日

児童の養護と未来を考える議員連盟　会長　塩崎　恭久 殿

児童養護施設の今後の高機能化・機能転換についての要望

社会福祉法人　全国社会福祉協議会
全国児童養護施設協議会
会 長　　桑 原　教 修

児童養護施設は、戦後、一貫して日本の社会的養護の中核を担い、その時代その時代で、家庭に恵まれない多くの子ども達のニーズに応じたケアに邁進してきました。

2000 年前後からの、被虐待児童等の入所の増加に対しても、保護から養育へと機能転換を図り、施設長をはじめ職員が一丸となって取り組んで参りました。

一方で、子どもの虐待の状況は深刻度を増しており、従来の児童養護施設の体制では、限界に達しているのが実情です。そこで、平成 28 年改正児童福祉法の「家庭養育優先原則」の理念を具体化する「新しい社会的養育ビジョン」で示された、施設の高機能化・多機能化等の実現のためには、その政策体系をいわゆる「骨太の方針」に位置付け、下記項目を中心に、十分な財源確保に向けたご努力を要望致します。

記

1．里親等でのケアが困難な、ケアニーズの高い子どものケアを行う「できる限り良好な家庭的環境」としては、十分な職員体制の確保が必要不可欠です。「新しい社会的養育ビジョン」に示されている「常時 2 人以上の職員体制」を、現に地域化･小規模化している施設から優先実現することとし、職員の配置基準を現行の 4 対 1 から 1 対 1 への改善を切に要望致します。

2．地域分散化した小規模施設では、ケアが困難で、心理職や医師、看護師などの専門職の即時の対応を必要とする、ケアニーズが非常に高い子どものケアを行う場を本体施設とし、「新しい社会的養育ビジョン」に示されているとおり、4 名以下の少人数の生活単位で、概ね 4 単位程度のユニットケアの集合体とし、職員の配置基準を、地域分散化した小規模施設以上の職員の配置基準とし、さらに、心理職・看護師等の配置も増員することを要望致します。

3．さらに、この本体施設は余裕施設建物を活用して、多機能化（一時保護、通所支援、ショートステイ、トワイライトステイ、里親支援等）の基地として機能転換していくことが良いと考えます。

4．一時保護専用施設については、一施設あたり 1 箇所のみ指定している現状を改善し、地域化・小規模化施設も含め、複数設置を可とすることを要望致します。

5．「新しい社会的養育ビジョン」で示された数値目標や早期パーマネンシー保障のために児童養護施設として取り組むためには、施設職員による親子関係再構築支援や、措置解除後の実親や里親・養親への養育支援が重要です。そこで、施設の家庭支援専門相談員の配置を大幅に増員すると共に、施設が行う家庭復帰・家庭移行・家庭支援に対する所要の予算措置を要望致します。

以上

③施設の多機能化も推進する。
④施設内の一時保護施設の規制緩和。

これらは全養協から議連宛てに右頁に掲載した要望書の形でまとめられ、すべてが良い方向に動き出すところに達したかのように思えた。

ところが非常に残念なことに、この「要望書」は最終段階で全養協内で採択されなかったのである。一度は「会長預かり」になったものの、協会総意の採択をめざした桑原会長の意図と異なり、採択時には全員の意思が揃わなかったとのことで、右の文書は「幻の要望書」となってしまった。

「骨太の方針」へ盛り込むべく

策定要領をめぐる厚労省との詰めが進展しない連休明けの5月9日早朝、信じられない連絡が厚労省から届いた。未確定の「策定要領」を「案」のまま、都道府県に送るという。「議連との合意なしには、自治体には送らない」と明言していたにもかかわらず、見切り発車をしようというのである。

平成28年および29年の改正法や「新ビジョン」とまったく整合性のない「策定要領（案）」

が、取りまとめも経ずに自治体に厚労省から送られる、という異常事態である。これでは、子どもの権利や家庭養育優先原則、子どもの最善の利益優先の原則を謳った、国会での全会一致による法改正がないがしろになってしまうのではないかとの懸念が、いっそう募っていった。

私たちはただちに、「厚労省案と議連案の主な相違点」と題する文書をまとめ、いかにその時点の厚労省案が平成28年、29年改正法や「新ビジョン」と整合しないものであるかを厚労省に示した。同時に、5月17日に開催した議連では「策定要領」を議題にし、われわれの修正案そのもの、および「厚労省案と議連案の主な相違点」に加え、全養協による「幻の要望書」も会場に配布して、子ども家庭福祉の在り方について活発な議論が行われた。

「厚労省案と議連案の主な相違点」（2018年5月14日）　※要点のみ抜粋

1「新しい社会的養育ビジョン」の実現

国会で約束した（中略）社会的養育に関する検討会でまとめた「新しい社会的養育ビジョン」は、改正法実現のプロセスであり、それを実現することが国及び地方公共団体に求められる。厚労省案は、「新しい社会的養育ビジョン」で示された「基本的考え方に沿って」と捉えているが、「ビジョン」に対する根本的な認識が異なる。……

２　里親委託率等の数値目標は必須

……数値目標は目標年限があってこその数値目標であり、１００年かけて実現するのでは数値目標の意味がない。また、国においても地方公共団体においても、具体的な目標年限を示さない限り、予算獲得は困難である。よって数値目標と目標年限はワンセットであるのは当然であり、数値目標のない行政計画はありえない。……

３　本体施設ユニット型の是非

厚労省案では、（中略）、「小規模化」あるいは「地域分散化」なのか、「小規模化」かつ「地域分散化」なのかが明確でなく、また、「など」が、何を示すのかも不明瞭である。これでは、都道府県主管課は計画作成ができない。……「できる限り良好な家庭的環境」の定義を、都道府県推進計画において拡大解釈できる余地を残すべきではない。

議連では、全養協の「幻の要望書」について桑原全養協会長にその経緯を説明していただいた。全養協の「総意」とはならなかったものの、「新ビジョン」に沿った内容の要望書に、会長を含め、かなりの数の役員が賛同していたという事実は重いからだ。そうしたなか、出席した議員で厚労省が自治体に送付しようとした「案」を是認する者は皆無であり、さすがの厚労省も本腰を入れて修正案を検討せざるを得なくなる雰囲気の会合となった。

幸い、この日以降、私たちと厚労省との間での「策定要領」に関する修正協議は一気に加速した。2週間で、3往復の修正案のやり取りが行われたが、できる限り例外規定を設けたい厚労省と、「新ビジョン」どおり、と主張する私たちとの間での攻防だった。

5月31日、議員会館にレクに来た厚労省が、その年の「骨太の方針」の児童福祉部分の原案を示した。「骨太の方針」における書き振りは、年末の予算獲得に大きな影響をもたらすため、そこでの表現は重要だ。その時の原案は、きわめて短く、児童虐待防止と社会的養育が、「貧困解消」という、まったく的外れな分野に分類されていた。以降、約3週間は、「策定要領」の協議をストップして、目の前の「骨太の方針」に平成28年、29年法改正の理念を反映させるための文言協議に入った。

「骨太の方針」（正式名称は「経済財政運営と改革の基本方針」）とは、毎年6月頃に政府が発表する経済財政に関する基本方針で、予算編成などの指針となる。その意味では、社会的養育の予算措置を拡充するための重要なステップとなり得るが、そもそもこれまでは社会的養育問題は「票にもカネにもならない」と言われ、政治的にほとんどかえりみられることはなかった。

しかし、虐待を防止するための児童相談所の人員強化や、専門性向上等のための予算はきわめて重要である。施設割合の高い日本の現状を踏まえれば、施設における子どもと職員の割合を現行の４対１から、将来的には諸外国並みの１対１以上をめざすためには、何よりも予算が必要だ。

私は、平成28年改正児童福祉法と「新ビジョン」に盛り込まれた基本哲学と、その実現に必要な予算項目を平成30年の「骨太の方針」にすべて盛り込んだ。なかでも喫緊の課題の一つである施設の「職員配置の強化」に関して、財務省は全国の施設予算の増大を恐れ、「基準の強化」との表現はなかなか受け入れようとせず、厚労省もあっさり断念していた。そこで、私は財務省の幹部に直談判を行った。

「結愛ちゃん事件」の衝撃

「骨太の方針」の議論が熱を帯びるなか、先述のとおり衝撃的な事件が日本を席巻した。6月6日、警視庁捜査一課が、3月に東京都目黒区で虐待死した船戸結愛ちゃんの父親を再逮捕するとともに、母親を逮捕し、記者会見において結愛ちゃんの「直筆メモ」を公表した。

マスコミ各社はこぞってこれを報道し、虐待に対する非難の声が日本中に広がった。こうした世論の大きな変化も踏まえ、私は繰り返し財務省に働きかけた。それに対し、さすがの財務省も、「職員配置基準の強化」と配置基準自体の強化という私たちの主張を、ついに受け入れることを決断した。

結果、この事件は「骨太の方針」の修正作業にも大きな影響を与えた。議連のメンバーや公明党などからの強い応援もあり、以下のように、社会的養育の迅速かつ強力な推進へ向けた、力強い文言が初めてまとまって入ったのだ。

> 「骨太の方針」―児童福祉部分（2018年6月15日閣議決定）※注釈は省略
>
> 子供の命が失われる痛ましい事件が繰り返されないよう、市町村、児童相談所の職

員体制及び専門性の強化、適切な情報共有など自治体間等関係機関との連携体制の強化や適切な一時保護の実施などによる児童虐待防止対策、家庭養育優先原則に基づく特別養子縁組、里親養育支援体制の整備、児童養護施設等の小規模・地域分散化、職員配置基準の強化を含む高機能化及び家庭養育支援への機能転換などの社会的養育を迅速かつ強力に推進する。

「骨太の方針」の熱が冷めやらぬなか、５月31日以降止まっていた「策定要領」の修正作業についても、厚労省は「結愛ちゃん事件」の報道後、急速に柔軟化し、先に述べたとおり、６月25日に私たちが提案した「子どもの権利や最善の利益に地域性なし」との考えに基づく表現振りも、初めて、そして、ようやく受け入れることを明確にしてきた。ユニット型本体施設という、里親等委託率以外で最後まで残った争点についても、私たちの論を全面的に取り込むこととなった。

結果的に「策定要領」にかかわるわれわれの提案は、本質的な点に関して全面的に反映される形で、ついに半年以上にわたる厚労省との攻防に終止符が打たれた。

この時点こそが、「新しい社会的養育ビジョン」がほぼそっくりそのまま、厚労省、すなわちわが国政府の、新たな社会的養育の基本政策として、その実現に向けて社会実装されることが決まった瞬間だった。動かぬ霞ヶ関とその背後に控える人々を動かしてくれた結愛ちゃんの御霊に、私たちは切なさと残念さとともに深く感謝しなければならないと思う。

平成30（2018）年7月6日、厚労省が局長通知として発出した「都道府県社会的養育推進計画の策定要領」は、当初とは様変わりし、改正児童福祉法や「新ビジョン」の理念や考え方にほぼ則ったものとなった。都道府県は里親等委託率の数値目標と、その期限を明確に設定し、国はその進捗状況を毎年フォロー、評価し、公表することとなった。厚労省はこれまでのように、「自治事務」として児童福祉法所管官庁としての責任を放棄することはもはや不可能になった。

これは、議連所属の多くの国会議員、国会外の児童養護関係者、児童福祉に強い関心をもつ方々、マスコミ関係者などの粘り強い主張と応援があったからである。そして特記すべきは、最終的に業界や役所の重い扉をこじあけることができたのは、結愛ちゃんの死を受けて人々の心に等しく湧き起こった「これ以上の児童虐待は許せない」との大きな国民感情のうねりの後押しがあればこその結果だったということである。

第5章　より確かな子ども家庭支援をめざし

――令和元年 児童福祉法等の改正へ

ようやくスタートした児童相談所改革の本格議論

２０１９年、平成から令和へと元号が変わり、会期末の6月を迎えていた通常国会では、児童福祉に関する2つのきわめて重要な法改正が行われた。6月19日に成立した「児童福祉法等改正法」と、それに先立つ6月7日に成立した「民法等改正法」である。

前者では、平成28年同法改正時に先送りとなった懸案事項に一定の重要な前進があり、また後者では、子どもの社会的養育で重要視される特別養子縁組制度について、１９８８年の制度創設以来初めての大きな抜本的見直しが行われた。本章では、これら重要な法改正に至るまでの決して平坦ではなかった道のりを、個々の改正項目に焦点を当てて詳細に記したい。

これらの法改正の前年にあたる平成30（２０１８）年7月20日、児童虐待防止対策に関する関係閣僚会議が安倍総理出席の下で開催され、前月に父母が逮捕された結愛ちゃん事件を受けて「緊急総合対策」があわただしく取りまとめられた。そこでは、既存の「児童相談所強化プラン」を前倒しして見直し、「新プラン」を策定することも決まった。最後に総理は、「子どもの命を守るためにあらゆる手段を尽くし、やれることはすべてやる、という強い決意で取り組んでほしい」と結び、一刻の猶予も許さない、スピード感に満ちた決意を表明した。

こうした安倍総理の決意を受け、８月３日、厚労省の社会的養育専門委員会が開催された。まず、私たちの議連と厚労省との間で行われた半年余りの攻防で固まった「策定要領」が、７月６日に厚労省から都道府県に発出されたことが報告された。これにより、「改正児童福祉法」と「新しい社会的養育ビジョン」が初めてセットとして、すべての子どもたちのために社会実装されることとなり、都道府県計画もその哲学に則って改定されることになった。この報告により、わが国の今後の社会的養育の基本哲学が、政府の正式な政策策定の場である社会保障審議会において、初めて正式に公にされることとなったのだ。

もう一つ重要なことがこの日の専門委で決まった。同委の下に、「市町村・都道府県における子ども家庭相談支援体制の強化等に向けたワーキンググループ」（以降、「児童相談所改革等ＷＧ」）が、児童相談所改革や市町村の子ども家庭対応力強化策を検討する場として設置されたのである。

実はこの改革は、もともと「施行後2年以内の検討」を28年改正法によって明確に宿題として義務づけられていたもので、私は担当大臣として、28年改正後、ただちに４つの検討会を省内に設置し、その一つで児童相談所改革などを検討することになっていた。ところが、私が大臣を退任する否や、その検討会は休眠状態となり、私の再三にわたる検討会の存続、本格的検討開始への強い要請にもかかわらず、退任後1年も経たない平成30（2018）年3月末で、4検討会すべてが廃止され、代わりの検討の場も設置されなかった。

以来、児童相談所改革等は厚労省で議論されない状態が続いたため、私たちは繰り返し議連など通して検討を督促してきた。そこに結愛ちゃん事件が6月に表面化し、児童相談所の専門性の欠如、判断力不足、支援対象自治体との連携の悪さなど、児童相談所や市区町村の子どもの命を救うセーフティネットが充分機能していない実態が国民の前につぶさに明らかになってしまった。

児童相談所等の改革の緊急性は、マスコミでも頻繁に取り上げられ、ようやく国民周知の事実となったのだ。結果、この8月、厚労省も児童相談所改革等の検討の場を設置せざるを得ないと判断したのだろう。ここまでようやくたどり着いてみて、大臣として改革をリードするのも大変だったが、一議員となっての改革実現はさらにその何倍も難しい、と私は砂を噛むような悔しい思いをすると同時に、さらなる闘志を新たにした。

そのようななか、つい2週間弱前の「緊急総合対策」とりまとめ時に、総理がスピードを最重視すると発言していたにもかかわらず、8月3日の専門委で配布された法改正スケジュール案では、「児童相談所改革等ＷＧ」は翌年2月の取りまとめ、その親会である社会的養育専門委員会での取りまとめは「年度内」となっていた。これでは通常国会への政府提出法案の提出期限である3月中旬に間に合わない。となると、児童相談所改革を含む児童福祉法改正法案は、「緊急総合対策」とりまとめから2年後（２０２０年）の通常国会、その施行に至っては3年先（２０２１年）、という驚くべきスピード感の欠如を露呈していた。

さすがに私は、厚労省幹部に「総理の児童虐待撲滅への固い決意で『緊急総合対策』を世に出し、『二度と結愛ちゃん事件のような虐待は許さない』という国民感情の盛り上がりを踏まえれば、再来年の通常国会での法改正では遅すぎる」と苦言を呈した。これを受けて厚労省も、ようやく国民目線の緊急性をもって対処するとの考えに転換してくれた。その結果、「児童相談所改革等ＷＧ」での取りまとめ期限は「年内」に前倒しされ、専門委の議論を経て翌平成31年の通常国会に改正法案提出をめざすこととなった。そして最終的に、令和元（２０１９）年6月に児童福祉法等の法案成立に漕ぎつけたのだった。

課題山積の子ども家庭支援の具体的手立て

平成28年、29年の児童福祉法抜本改正により、「子どもの権利」の明定など、児童福祉の在り方の哲学的パラダイムシフトが戦後約70年にして初めて実現した。続く「新ビジョン」

（平成29年8月）では、その社会実装の進め方と実現後のあるべき姿が描かれ、さらに「策定要領」（平成30年7月）により、社会的養育に関する「都道府県計画」の全面見直しによる新たなビジョンの実装の考え方と手順が明確になった。いずれにおいても、一貫した哲学が貫かれ、国としてめざす社会的養育のあるべき姿が確定した。

そして政府・厚労省として、その新たな社会的養育ビジョンの実装のためには避けて通れない児童相談所改革など、都道府県や市区町村での子ども家庭支援の体制、すなわち社会的養育政策実行体制の足腰強化について、遅ればせながら社会保障審議会・児童部会に「児童相談所改革等ＷＧ」を設置して議論を始めることとなった。

その時点、すなわち平成30年6月までに私の頭の中を占めていた悔恨は、「結愛ちゃん事件」による教訓を踏まえても、今後やるべきことは、ほとんどがすべて28年法改正案作成の当時、関係者間で意見が割れ、合意形成ができないまま最終結論に至らず、宿題になっていた課題ばかりだった、ということだった。

その意味では、ほとんどの「答え」は、平成28年改正法案作成当時から一定程度はあり、あとは28年改正後、すぐに議論を詰め切ることこそが子どもたちの命を守るために必要だったのだ。だからこそ、私が28年改正直後に厚労省に設置した4つの検討会が、そのままのメンバーで、そのまま作業を続けていれば、児童相談所改革等に関し、子どもと家庭にとって望ましい結論がとっくに出ていたのではないか、とのやりきれない悔しい思いが残っていた。

だからこそ今次法改正の大きな流れも、改正の具体的中身も、今回こそわれわれが議連において実質的に決めよう、との強い決意をもっていた。それゆえ、平成30年７月以降、翌３月の自民党内での法案決定までの８ヵ月余りの間に、18回にも及ぶ会合を重ね、法案に入れ込む具体的な政策提言を、実際に法案化作業を行う厚労省と、広く世の中に向けて次々と発信し続けた。

この間、厚労省内の正規軍たる「児童相談所改革等ＷＧ」では、慎重論がかなりを占め、子どものための抜本改革に直進することはなく、平成30年12月の報告書でも、「両論併記」ばかりだった。

もちろん、そのようなＷＧでもコンセンサスが得られたものはあって、それを中心に法改正をしよう、という「コンセンサス方式」が厚労省の常套方式だ。大臣が強引に牽引しない限り、事務的には、このような「尺取り虫」のようなゆっくりした段階を追った前進しかない。だが、その犠牲になるのは一番に子どもたちであり、さらには問題を抱えた家庭なのだ。だからこそ、自民党からの相当強力なプッシュがない限り、今回も抜本改正は困難が予想された。

実際に、厚労省は初期段階ではきわめて消極的だった。①弁護士配置は相談できれば良い程度の扱い、②医師の配置にはふれず、③子ども家庭福祉専門職の国家資格化にも触れず、④中核市・特別区への児童相談所必置にもふれず、といった、実に「あっさりした」法案内容を想定していたようだった。

そこへ、1月24日に千葉県野田市での「心愛ちゃん事件」が起きた。「結愛ちゃん事件」同様、転居後の虐待ケースであり、一時的にも親子分離すべしとの医師のアドバイスを今回も無視して心愛ちゃんを親元に戻してしまい、実親による虐待死を招いた。児童相談所は監視、指導を丁寧にせず、小学校の判断ミスや学校現場と児童相談所との連携欠如も指摘された。これに対して世論は沸騰し、私たち議連は2月12日には厚労大臣、2月19日には法務大臣に、この段階のわれわれの決議事項を申し入れた。結果として、その内容のほぼすべてがそのまま後の改正法案の中身となっていく。

官邸も再度前面に出て、水面下では私も官邸と連絡を取りつつ、3月19日の「児童虐待防止対策の抜本的強化について」関係閣僚会議決定に入れ込む玉を、議連として2月中に6回もの会合を開いて一気に政策内容を詰めていった。こうして、年初の厚労省案と比べて様変わりした内容の法案となる法改正事項に繋がる政策提言が決まっていった。

その間、われわれは厚労省の背中を強く押し続け、結果として一つだけ「中核市への児童相談所必置問題」がきわめて不満足であったが、その他の論点に関しては、平成28年改正時に唱えながら実現しなかったことの多くが、今回はわれわれの提案通りに法案化でき、結論が出ずとも、附則に将来の検討課題として書き込まれた。今後、それぞれの実現に向けた検討が時限を切った形で行われることが明示されたわけだ。

附則検討事項の検討期限については、厚労省と時に激しい議論を行った。しかし最終的には、「一人でも多くの子どもの命を守るためにはスピードだ」との安倍総理の信念に基づき、検討期限を最大限短縮することができた（懲戒権見直し５年➡２年、意見表明権５年➡２年、国家資格化３年➡１年）。

振り返ってみると、そもそも28年改正に向けた大臣室での事務方との議論においても、また30年夏から年末に至る「児童相談所改革等ＷＧ」における有識者の議論においても、さらには翌31年３月の関係閣僚会議決定に向けての議論でも、われわれのさまざまな抜本的改革提案に抵抗する勢力の慎重論、反対論の論拠は共通していた。つまり、社会的養育問題にかかわる既存施設や自治体等の関係者の現状変更を嫌う、いわゆる「大人の都合」、「大人の論理」だ。そうした論拠は、真に子どものために何が必要か、すなわち「子どもの最善の利益優先原則」に照らした子どものニーズに基づく「子どもの論理」からの主張では決してなかったのだ。

ちなみに、28年改正論議において最終結論に至らなかった政策課題、すなわち、平成30年の「結愛ちゃん事件」等を受けて、いよいよ待ったなしで結論を本格的に詰め切る必要があり、翌年の「心愛ちゃん事件」でさらにその緊急性がクローズアップされた課題を、より具体的に見ると、主に次の7点に集約される。

①児童相談所の介入・支援機能は分離すべき

——虐待をする親への将来的再統合を考えるがゆえに、児童福祉司等が機を逸し、果断かつタイムリーな親子分離ができないこととならないよう、役割分担を導入する。

②児童相談所への常勤弁護士の必置問題

——虐待は子どもの権利侵害であり、一時的にせよ親子分離などは親権を制限しつつ子どもの権利を守る「法律問題」である。こうした問題意識の欠如と、弁護士が法律家としてソーシャルワークを行うことの重要性の認識欠如を克服するために、児童相談所への常勤弁護士を必置化すべきである。

③児童相談所への医師の必置化

——医学的判断による虐待発見および虐待認定、親子分離の医学上の必要性を判断する常勤医師を必置化すべきである。

④「子ども家庭福祉士（仮称）」の国家資格化

——高いモチベーションと専門知識に裏打ちされた子どもと家庭問題の専門職が、児童相談所、市区町村、児童養護施設、フォスタリング機関、特別養子縁組支援NPO等、随所に必要である。

⑤児童相談所の中核市・特別区への設置義務化（一定人口に一ヵ所配置）

——現状の「子どもを救う網の目」をきめ細かくし、「われわれの子どもたちは、われわれが守る」との意識で基礎自治体が対応する。まずは虐待問題が集中しがちな中核市等へ児童相談所を必置化すべきである。

⑥子どもの意見表明権の保障、子どもの権利擁護策導入

——あらゆる機会に子どもの意見が聴かれ、かつその意見を代弁する制度（アドボケイト制度）と審査・救済機関を用意して、子どもの権利を守るべきである。

⑦体罰の禁止と懲戒権の見直し

——親などによる体罰を禁止し、民法第８２２条の親の懲戒権の抜本的見直しが必要である。

これらの論点に関する法改正に向けての議論の内容と事の本質を、以下、より具体的に

見ていきたい。

①児童相談所の介入・支援機能は分離すべき

28年改正に向けた議論のなかで、相当時間をかけながらも結論が出ず仕舞いだった問題の一つが、児童相談所での一時保護など、親子を分離させる「介入」機能と、家族再統合などの「支援」機能の分離問題だった。子どもの将来の家庭復帰よりも、まずは切迫する危機から子どもの命を守り、子どもの権利保護をするためには、毅然として親子の分離をすることが多い。

介入・支援は、それぞれ実行段階の依って立つ考えがまったく異なるが故に、28年改正時には、一部海外で見られるように組織そのものを別々にすべきだ、との意見すらあった。分離派の多くは、同一組織内でセクションを分けるという考えだった。しかし、法律案に入れ込むほどの議論の深まりには至らなかった。

ところが、今回の結愛ちゃん事件、心愛ちゃん事件では、いずれも児童相談所が将来の親子統合を想定し、親との関係をこじらせることは得策ではないと考慮し、毅然とした態度に出なかったとみられている。

結愛ちゃんの場合は、主治医から「一時保護から親子分離に進めるべき」とのアドバイスが明確にありながら、香川県の児童相談所は保護者の要求に応じ、逆に一時保護の解除を早めてしまった。しかし結局は、継父は児童相談所をいぶかり、東京へ転居し、さらに転居先の東京都品川区の児童相談所が、またも親への気兼ねからだろうか、48時間以内安否確認のルールも逸脱して、結果として虐待死を招いてしまった。

心愛ちゃん事件の際も、決然と親子の分離を続けるべきだったものを、虐待した父側の祖父の元にいったん返し、後はなし崩し的に心愛ちゃんを実親に戻してしまった。さらに学校の作文で心愛ちゃん自身が明確に暴力を受けているので助けてほしい、との叫びを発していたのに、学校も児童相談所も、それを正面から受け止めることなく虐待状態を放置し、幼い命を落とさせることとなってしまった。

私たちは議連において、児童相談所での「介入」と「支援」のセクションを明確に分ける法文とすべき、と強く主張したが、内閣法制局の論理だということを盾に、「担当者を分ける」との法文になった。厚労省の説明によれば、自治体任せながら厚労省はセクション分けが可能であると明確にするということであった。

児童相談所それぞれの考えと実態に合わせた実効性ある体制整備をすることが重要なので、今後の推移をよく見なくてはならないと思うが、ともあれ、大きな問題点の解決の糸口ができたことは間違いないだろう。

②児童相談所への常勤弁護士の必置問題

平成28年の児童福祉法改正時に、常勤弁護士を児童相談所に配置していたのは福岡市、和歌山県、名古屋市の4ヵ所、4人だけだった（平成31年4月1日現在11ヵ所、14人）。

当時、私は厚労大臣として福岡市の児童相談所を視察した折に、常勤弁護士（当時は任期付き採用、現在は一般雇用）が、指導的立場ではありながらも、児童福祉司の皆さんとまったく分け隔てなく一緒に個別ケースに取り組んでいらっしゃるのを見て、感銘を受けた。とりわけ、子どもの命と健全な養育環境を守るために、警察との連携を含め、法的にどういう手段を使って虐待をする親から子どもを守るか、そのための適切な指導を児童福祉司に対して適時に行っている姿に、「偉い先生」としてご指導いただく顧問弁護士、とのイメージしかもたない一般人として、新鮮な驚きを感じた。

そもそも忘れてはならないのは、虐待は子どもの「権利の侵害」であり、その権利を守るためには子どもの権利を法律的に定めることが必要である。そのためには親の権利を、時に躊躇せず法律的に制限することも必要だ。つまり、子どもを虐待から守るとは、すぐれて「法律問題」であり、この基本な考えが現場で働く人たちに定着していないことが、日本の社会的養育推進体制が脆弱な原因の一つだと思う。

虐待案件が起きるたびに、法的に対応が不充分で命を守りきれない実態に悔しい思いをする。となれば、やはり法律の専門家の高度かつ適時、的確な法に基づく判断がソーシャルワークのさまざまな局面で必要であり、だからこそ児童相談所における「常勤・常駐の弁護士の必置化」は、不可欠ではないかと強く感じるようになった。その思いで28年改正で一気にすべての児童相談所に必置化するよう提唱したが、厚労省からは「この改革がもっとも自治体の抵抗が強く、必置化は地方自治にも反します」と言われてしまった。おそらく充分な数の弁護士確保は困難だろうとの予測と、一般の公務員と比べて高額な報酬を予算上払いきれない、との懸念だと思う。しかし、「ならば、どのようにして子どもの権利を法的に守るか?」という思いから、代案なしの反対・批判には閉口した。

加えて、反対意見は自治体からだけでなく、弁護士側からも出ていた。かねてから「非常勤の顧問弁護士で充分であり、むしろその方が望ましい」との主張が一部の弁護士からなされてきた。そもそも法律の素人である児童相談所職員が、事前に弁護士に相談すべきか否かを判断するならば、案件自体を児童福祉司側が事前に取捨選択し、気付かないうちに肝心のソーシャルワーク上必要な重要法律課題を捨象してしまい、弁護士に相談せずに判断して、子どもの権利を守りきれない懸念がある。

結愛ちゃん事件でも心愛ちゃん事件でも、弁護士が児童相談所から意見を求められたことは一度もない。結愛ちゃんの場合には、弁護士が品川児童相談所にいたならば、48時間以内安否確認ルールを遵守しただろうし、児童相談所職員による子どもの安否確認が拒否された際には、子どもの命と権利を守るために立ち入り調査を断行し、本人の安否確認をしていたはずだ。

また、社会的なステータスが高い弁護士が、低い報酬の公務員になるはずはないとの固定観念もある。しかし、議連で2回講師を務めていただいた明石市の泉房穂市長（弁護士）によれば、法曹養成数がかつてに比べて大幅に増加している今日、弁護士の就職も容易ではない。また、若手弁護士にとって60歳定年まで雇用が確保されることは大きな意味をもち、安定的に700万円前後の報酬が確保されれば、人生設計として児童相談所を選択する弁護士は充分にいる、とのことだった。ちなみに、泉市長に同行してお話しくださった若手女性弁護士は、実にモラルも高く、かつ優秀な方だった。

泉市長や若手弁護士のお話をうかがって、郡部の児童相談所はともかく、都市部で常勤の弁護士を雇用する際に大きな障壁はなく、あとは国の予算による支援強化だけである、との共通認識が議連ではでき上がってきた。

厚労省子ども家庭局幹部も、議連での外部講師の議論を聞くうちに理解が深まったように見受けられ、われわれとの水面下の議論を経て、最終的な法案では、「児童相談所が措置決定その他の法律関連業務について、常時弁護士による助言・指導の下で適切かつ円滑に行うため、弁護士の配置又はこれに準ずる措置を行う」ものとし、「広く法的判断が必要な事項の決定は、弁護士の助言・指導を経なければならない」と、大きく前進した。

③児童相談所への医師の必置化

あらゆる虐待ケースにおいて、虐待を受ける子どもへの虐待医学・児童精神医学的な正確な診断と確かな治療的判断が、遅滞なく行われることが絶えず必要だ。結愛ちゃん事件でも、心愛ちゃん事件でも、いずれの場合も医療の素人の児童福祉司の目からは、一見してさしたる問題のない傷跡だったが、実は深刻な虐待を受けていたことを児童相談所は見落とし、それに気づいていた医師の「親子分離すべし」とのアドバイスも無視された。

結愛ちゃん事件が表面化してほどなくして、私は結愛ちゃんの主治医だった医師から直接お話を聞く機会に恵まれた。香川県では、普段から児童相談所・検察・警察・医療機関の間の意見交換は定期的に行われていたが、それでも児童相談所の職員が医師の考えを理解できるようになる頃には配置換えで、新たに配置された職員と再度ゼロからコミュニケーションパイプを構築するのが現状であり、このようなコミュニケーションの土台の欠如から、結愛ちゃんのケースでも、主治医の親子分離の提案は児童相談所側には受け入れられなかったという。

一方、心愛ちゃん事件でも、医師は心愛ちゃんを親元へ戻すことには一貫して反対していた。それにもかかわらず、児童相談所は最初は虐待する父親の両親、心愛ちゃんの父方の祖父母にいったん預け、さしたる理由もないまま児童相談所の判断で親元に戻してしまった。その結果、虐待死を招いてしまったのだ。

これらの事例を見ても明らかなように、つねに医師の判断を経て児童相談所の措置等の判断が行われるべきではないか。とりわけ、児童虐待において、子どもはあくまでも犠牲者、受け身であり、問題の根源は虐待をする親などの側にある。虐待者の医学的分析とその遠因などの原因究明をし、その当事者たちの医学的治療も同時に行わなければならず、そのためにも児童相談所には医師を必置とし、子どものみならず、親のケア、キュアも同時に行う専門性を兼ね備えることが重要だ。

ともあれ今回の法改正では、「児童相談所に医師及び保健師を配置する」と明確に医師の必置規制を設けた。しかし課題は、弁護士の配置には国からの補助があったが（もっとも非常勤に限ってであり、交付税措置される常勤弁護士への補助は目下のところなし）、医師の配置にはそのような補助金制度が存在しないので、予算措置を来年度手当てしなければならないことであった。

ちなみに、現場に専門性がないがために、これまでやや曖昧にされてきた問題がある。児童虐待死亡件数統計には2種類あり、厚労省等の役所が使う統計は、社会保障審議会児童部会「児童虐待等要保護事例の検証に関する専門委員会」が調べた統計だ。直近では、平成29年度年の虐待死亡発生件数は65件。一方、日本小児科学会が公表している虐待死件数の推計は、厚労省調べに比べて圧倒的に多く、3倍から5倍の件数に上る。

何故だろうか。私は検察関係者から、密室での死亡ケースの事実認定は難しいとの本音を聞き、この問題、とりわけ基礎的データである虐待死亡件数のカウント方法の根拠が、国として統一されないままでは命を尊重する文明国とは到底言えない、と強く思った。

他の先進国には、米国の Child Death Review（ＣＤＲ／子どもの死亡登録・検証制度）のように、子どもの不審死を全数調査し、原因解明等をする制度が確立している。小児科医の自見はなこ参議院議員などは、この制度創設をめざされており、私たちも応援している。２０１９年の「骨太方針」には「子どもの死因究明・情報共有、解剖の推進、違法薬物中毒死等の検査など死因究明体制を強化する」との表現で書き込まれてはいるが、一刻も早くこうした科学的分析を経た正確なデータとその分析に基づいて、子どもの権利の保護をしなければならないだろう。

④「子ども家庭福祉士（仮称）」の国家資格化

児童相談所の重要判断を担う「中核人材」の専門性には、前述の法律問題や医学上の判断の理解と尊重はもとより、子ども家庭問題全般に関する専門性と多職種連携を含む幅広いソーシャルワークが可能な能力が必要である。それにもかかわらず、これまで自治体は専門職採用を充分にせず、専門的関心の低い職員に「研修」をして取り繕ってきた。厚労省もそれで良しとしてきた。しかし、昨今の悲惨な児童虐待の頻発を踏まえれば、現状のような判断ミスを繰り返す専門性の欠如を放置していては、児童虐待や社会的養育の機能不全の根本解決は到底無理だ。

子ども家庭問題への高い問題意識やモチベーションがあり、圧倒的に弱い立場の子どもへ児童精神医学的に対処する人材。また、虐待する親へも、深層心理を含めた幅広い専門知識をもって対応できる人選をし、糾合し、適所に配置するためには、子ども家庭福祉の専門国家資格化が必要だと思う。

国家資格化の必要性は、結愛ちゃん事件の主治医からお聞きしたエピソードからも得ることができる。すなわち、児童に関連する医学的理解が主治医などとの対話で深まるなど、児童相談所に有為な人材が育ったとしても、多職種、多機関連携ができるようになる頃には人事異動で別の部署に配置転換になってしまう。これでは継続的な人材育成やコミュニケーション連携が、充分にできないという。国が関与できない自治体の人事異動で担当がしばしば替わり、専門家が育たないことで、有効な児童保護政策ができていないことが印象深く心に残った。

その解決策として、子ども家庭問題の専門国家資格をもつ人材ならば、各自治体も、さすがにそう簡単には異動させないのではないか。むしろ中核人材、児童相談所の専門職として長く留め置き、その能力を存分に発揮してもらう人事政策を行っていただけるのではないか。こうした議論を議連では重ねて、議員間でも厚労省内においても、国家資格化の導入に対する理解はかなり深まったと思う。

国家資格の創設に反対する理由の第一は、国家資格化による人材育成には時間がかかる、というもので、反対の理由にすらなっていない。時間がかかるのであるならば、なおさら急いで国家資格化をした方がよいのではないか。

また、そのような人材数は少ないのではないか、との主張もあるが、児童福祉に関心がない人を研修を通じて有資格者にするより、国家試験によって、真に関心をもつ者、理解のある人材に自らの意志で国家資格を取得してもらうならば、人材発掘も容易ではないか。

さらに、そのような資格を取得しても働く職場は限られているとの主張があるが、これまた的外れだと思う。なぜならば、「平成28年改正法」、「新たなビジョン」、「策定要領」などが描く新たな地域における社会的養育の仕組みにおいて、専門的知識を有する人材へのニーズは、児童相談所だけではなく、今後中心的にかかわる市区町村、乳児院、児童養護施設、フォスタリング機関、特別養子縁組斡旋団体、保育園、幼稚園、また今後はスクールカウンセラーを配置する方針の学校等々、広範に存在する。

その資格は、山梨県立大学の西澤哲教授のご主張のように、精神保健福祉士が、社会福祉の基礎科目を履修したうえで精神保健に特化した専門カリキュラムを修め、国家試験に合格して、その専門性を精神科ソーシャルワーカーとして発揮しているのと同様に、子ども家庭福祉に特化したカリキュラムを追加専門的に修めて国家試験を受験するようにすればいい。いずれにしても、社会福祉士、精神保健福祉士とは、緊密に連携することが必要であり、共通知識をもった隣接業種間の連携は不可欠かつ重要だ。

２０１９年、厚労省に設置する検討会での検案が開始された。附則では当初３年だった検討期間を私たち議連の指摘で1年に短縮したからには、国家資格創設を早急に実現するために、厚労省は２０２１年の通常国会に法律案を提出するもの、と私たちは理解している。

⑤児童相談所設置の中核市・特別区への設置義務化へ

わが国における子どもの命を救うセーフティネットとしての児童相談所の配置、すなわち「命の綱の目」は、欧米と比べて圧倒的に粗いのが特徴だ。

日本の児童相談所は、人口約59万人に１カ所（平成31年４月で全国合計２１５カ所）であるのに対し、英国は37万人に１カ所、米国は一部大都市を除けば10～20万人に１カ所、ドイツは16万人に１カ所だ（28頁参照）。

心愛ちゃん事件の際に気づいて驚いたが、県別の児童相談所ごとの地理的管轄区域と、児童相談所の所管人口をいくつかの県を選んで地図に落としてみたところ、人口６２０万人の千葉県では、７カ所の児童相談所のうち、事件のあった野田市を含む柏児童相談所をはじめ、３カ所で所管人口が１３０万人を超えていた（30頁参照）。

その後、厚労省に全国の児童相談所別の所管人口を資料請求したところ、所管人口が１００万人を超えている児童相談所が27カ所もあることが判明した。同時に、千葉県君津児童相談所のように、所管人口こそ46万人だが、房総半島の約半分という広大な地域を所管しており、緊急事態にスピード感をもって現場に急行することは到底できない、という別な問題点があることも判明した。私の地元の松山市にある愛媛県の中央児童相談所も、所管する人口が約92万人とかなり多いうえ、所管区域も大分県境の佐田岬から高知県に接する久万高原町、広島県境の上島町まで、愛媛県の約半分の面積をカバーしており、恐らく端から端までの車での移動時間はそれぞれ数時間かかるのではないか（31頁参照）。

いずれにしても、日本の児童相談所の配置は、改正児童福祉法の基本精神を全国津々浦々で実現するにはまったく不充分な態勢である。虐待による命への脅威が日常的に存在するなかで、社会全体で子どもを守り、育む、との発想とは程遠い児童相談所の配置のまま、戦後70年余り経ってしまった。

仮に日本が、先進国のなかでは比較的児童相談所の数が少ない英国並みの「網の目」とする配置をするならば、新たに131ヵ所の児童相談所が必要となる。これまでのわが国は、子どもの虐待を含め、子どもたちのための健全な養育環境構築にいかに無頓着であったかが理解できるだろう。

これを解決するには、まずは児童相談所を増設するしかない。厚労省は、かつて昭和62年から平成21年までの20数年間、人口50万人に1ヵ所、との国の児童相談所設置の人口基準をもっていた。しかし、地方分権の流れのなかでいつの間にか廃止され、そのまま現在に至っている。

ところがその一方で、平成20年12月8日付け「地方分権改革推進委員会第2次勧告」に示されている「地方分権のメルクマール」には、「保護のために身体的に確保することを決定する権限を含む幅広い権限を持つ施設」として、児童相談所については、設置を義務づけることが地方分権に反することはなく、設置義務化が可能な施設として明確に整理されている。となれば、あとは政治判断でどの程度の自治体まで義務化するかを決めるだけである。中核市制度が始まる平成８年時点では、さんざん議論した結果、その時点の結論として、中核市での設置義務化は保健所までとし、児童相談所の必置は政令指定都市までとされた。

しかし、前述のとおり、虐待ケースが集中する都市部に児童相談所があまりにも少ないことは明らかである。都市部を中心に児童相談所の設置数を増やし、子どもの命を守る「網の目」をよりきめ細かにすべきであり、少なくとも中核市はすべて必置とすべきことを私たちは繰り返し指摘し続けた。

こうした私たちの議連での指摘を受け、厚労省も令和元年の児童福祉法の一部改正において、児童相談所の管轄区域に関し、まずは「人口その他の社会的条件について政令で定める基準を参酌して都道府県が定めるものとする」という考えに転換した。義務化まではいかない控えめな対応ではあるが、「参酌基準」を設けることで、自治体が政府の基準からかけ離れたことはやりにくくなった。

問題は、現在、都道府県と政令市には児童相談所設置が義務化されているが、ここまで児童虐待が頻発するなかで、その「義務化」をどこまで広げるかだ。すでに見たように、仮に日本が英国並みの児童相談所を設置するならば、新たに131カ所に設置することとなるが、まず児童相談所未設置の50の中核市に設置することが重要であり、都市部に虐待が集中している実態を踏まえると、ごく自然なことと思う。そして能力的にも、保健所設置が義務化されている中核市ならば、児童相談所を自ら有し、運営することは充分に可能と私は考えてきた。だからこそ28年改正の際にも設置義務化を強く主張したが、結果として、附則において5年以内にすべての中核市が児童相談所設置可能となるよう政府は支援する、との扱いに止まり、令和2（2020）年1月現在、すでに設置された明石市以外では、奈良市および柏市の2市しか児童相談所新設の意思表明をしていない。いずれにせよ早急に何とかしなければ、子どもの命はますます失われ続けることになる。

平成31（2019）年2月には、講師として議連に中核市長会会長（当時）の伊東倉敷市長を招聘し、個人的にも親しい立谷全国市長会会長ともかなり突っ込んだ意見交換をお願いした。

伊東中核市長会会長は、28年法改正以降の厚労省の姿勢に関し、その努力不足を指摘された。中核市長会への意見交換の働きかけもなく、市長会側からの本件に関する提言にも応えなかったとのことだった。私が大臣在任中の29年５月には中核市長会総会にまで出向き、丁重に設置方を要請したが、私の退任後は、厚労省は中核市長会とは没交渉だったようだ。28年改正法の附則の精神と整合せず、中核市長会側が失望するのも無理はない。これは厚労省が反省すべきだろう。

中核市への設置義務化に対する反対論の根拠として、中核市側からは、都道府県の児童相談所や関係機関と緊密な連携をして継続的な支援を行っており、虐待の未然防止を充分に成し得ているので何ら問題はない、というものだ。しかし、これは虐待死事案がたまたま表面化していない市に限っただけのことで、当事者たる子どもの置かれた厳しい状況は考慮していない。虐待する親と対峙しなければならないような強権発動を伴うことは都道府県に任せ、もっぱら支援に特化したいとの考えのようだ。しかし、それは自らの実力に比べ、考え方が少し安易すぎるのではないか。

中核市に児童相談所を設置すべき理由として、以下に重要な論点を記しておきたい。

まず第一に、虐待の事実の第一報の把握は都道府県レベルではなく、市区町村などの地域であることが多い。学校、保健センター、保育所、医療機関などで察知されたり、何よりも近隣住民からの行政や地域の警察への通報が多く、同じ中核市内の機関や警察署であれば、密接な横の連携で早期発見が可能だ。

また、児童相談所をすでに新設した金沢市や、2021年度開設予定の奈良市の市長が指摘されるように、虐待を受けている子どもにとってもっとも有意なのは、助け出される「スピード」であり、一刻を争う一時保護などの法的救出措置発動の「迅速性」は決定的に重要だ。

しかし、現場の切迫した危険をもっとも身近に把握している中核市は、自ら児童相談所をもたずに、都道府県の児童相談所が一時保護など法的措置を決定するまで、子どもの救出に間に合うかどうか、やきもきしながらひたすら待たねばならない。これでは地域の子どもの命を守る使命と真反対の状況であり、県の児童相談所と緊密に連携するとしても、自ら児童相談所を設置し、自ら措置決定をする以外、この待つ時間を短縮する方法はない。自分の子どもの命が危うい時に、「私には権限がないから、緊密に連携している警察官が来るのを待つ」と言って、目の前で自分の子どもの命が奪われるのを腕組みして傍観する親はいないはずだ。

一方、被虐待児の精神的負担を考えると、市区町村から都道府県の児童相談所にケースが移ると、被害の状況などを子どもに再度聞き直す、という負担を強いることになる。場合によっては最愛の親からの性的虐待の状況説明を、市レベルに加え、県レベルの児童相談所でも繰り返させられる。こうした過酷な負荷が、子どもの心の傷を深めることは「緊密な連携」の美名の下で、まったく顧みられないのだ。典型的な「大人の都合」、「大人の論理」による「子どもの利益」の後回しだと思う。

もちろん中核市が新たに児童相談所を設置する際の、人材確保などに要する苦労は想像に難くない。しかし、その苦労は、親から虐待される子どもの苦労や負担に比べれば、さして大きいとは思えない。また、充分な人材が揃った時点で児童相談所を設置するというならば、一体いつになったらそれは実現するのか。その間に何人の子どもに犠牲になれ、というのか。「大人の苦労」への配慮も重要だが、「子どもの命」や「一回限りの子どもの人生」のかけがえのなさは、何をさしおいても最優先して守るべきことではないか。

実は、議連での度重なる勉強会では、多くの虐待ケースで児童相談所と学校や保健センターなどと、まったくと言っていいほど連携がとれておらず、尊い命が失われていることが多い現状が確認されている。この点、先行実施して児童相談所を自主運営している金沢市などは、中核市設置のメリットとして、関係部署間の密接な連携の重要性に加え、機動性、「都道府県と市町村」という二重構造がないなど、自治体としての簡潔性を指摘されていることと表裏であろう。

平成31年２月に起きた千葉県野田市での心愛ちゃん虐待事件を受け、かねてから児童相談所設置を検討してきた隣接する柏市の秋山浩保市長は、施政方針のなかで児童相談所設置の意思を明確にされた。その理由を同市長は次のように述べている。

「虐待予防から早期発見・早期対応、そして虐待を受けた子どもの保護や自立支援等に至るまでを一体的に担っていくことが非常に重要であり、それが可能なのは、子どもたちを出生時から見守ることができる市であることを認識しております」

本質を突いた的確な判断だと思う。

議連にお招きした講師のなかには、元文京区役所の幹部であった日大准教授の鈴木秀洋氏のように、「児童の保護は『都道府県中心主義』から『基礎自治体中心主義』へ転換すべき」と明確に主張される方も増えている。地域の子どもは地域で最後まで責任をもって守りきるという「基礎自治体中心主義」を、わが国の社会的養育の基本方針として正面から本格的に議論すべき時に来ている、と真剣に思う。

消防業務の一部事務組合のように、中核市よりずっと小さな自治体は一定数集まって、子どもの救出のための緊急移動が可能な距離の範囲内で児童相談所を設置し、各自治体からの出向者が出身自治体の学校等と密接に連携しながら、地域で子どもたちの命と健全な養育環境を責任をもって守る方法を、今後は具体的に検討すべきだろう。

法案提出期限が迫る平成31年3月19日、関係閣僚会議において、官邸は「児童虐待防止対策の抜本的強化について」のとりまとめを進めており、私は何度となく官邸の政府高官と連絡をとり、中核市への児童相談所設置義務化を働きかけた。しかし、最後まで「中核市等との協議の場を設置しつつ、財政面をはじめとする支援を強化していくので、結果としてすべての中核市が早晩、児童相談所を設置することとなるだろう」と、きわめて楽観的説明が繰り返された。

その３月19日の閣僚会議の決定では、「中核市及び特別区における児童相談所設置に向け、支援を抜本的に拡充する」との表現で決着した。次年度予算に向けて、「抜本的な拡充」の中身が問われるわけだが、政府による支援が本当に抜本拡充されても、子どもの命を救うことを後回しにする発想のままでは、多くの中核市が児童相談所を自主的に設置することはあまり期待できない。「中核市と都道府県の二重構造」の狭間で、多くの子どもたちが危機的状況にさらされることが続くだろう、と暗い気持ちになった。

そうしたなか、平成31年通常国会へ提出する児童福祉法等の改正法案の取りまとめをする自民党厚労部会が、２月27日に開催された。中核市への児童相談所設置義務化の論点以外ではさしたる意見の対立がないなかで、ひたすら議論は中核市問題に集中し、私も合計４回発言をすることとなった。その日は、普段は児童養護問題の議論には参加しない国会議員も多数出席した。そこでは、前の晩に自らの選挙区の中核市長から直接電話をもらい、部会で発言するよう陳情を受けたことを率直に認めながら児童相談所設置義務化に反対する発言と、私と同じように、中核市には児童相談所の設置を義務化しなければ子どもの命を守りきれないとする発言が拮抗し、結果として部会長一任となった。

そして、①人口に関する参酌基準を厚労省がつくる、②中核市等と厚労省の協議の場を設ける、③5年後までの中核市等への児童相談所設置に向けた支援を抜本的に拡充する、との当面の方針が、事実上その場で決まったのだった。

⑥子どもの権利擁護の仕組みに欠く日本

令和元年の児童福祉法改正の附則において、「児童の意見表明権を保障する仕組みの構築」および「その他児童の権利擁護の在り方」について、検討のうえ施行後2年を目途に、子どもの権利擁護の仕組みを初めて措置することとなった。

平成28年改正の際には、児童相談所の決定等に子ども自身や関係者が不服のある場合は、都道府県の児童福祉審議会に申し立てれば評議されることとなっていた。しかし、都道府県の設置している児童相談所の決定に問題がある場合、その正当性を同じ都道府県の審議会において審議、判断するのは、利益相反の懸念がある。加えて、社会的養育を含めた児童福祉全般の政策を扱う審議会が、半ば片手間仕事で子どもの権利侵害事案を扱って、救済できるとはとても思えない。

そこで、われわれの議連の２０１９年2月の決議では、「行政機関から独立した、児童の意見を代弁する制度（アドボケイト制度）および審査機関について、可及的速やかに法制化すること」との提案を行っている。あらゆる機会に子どもが意思表明でき、かつ年齢を問わずに子どもの意見を代弁する制度が、行政と切り離されたところで運営されなければ、児童福祉法第1条の子どもの権利が守られることにならない。

これらの本格議論はこれからであり、海外での参考事例を含めて徹底検証し、早期の法制化が必要だ。

⑦体罰の禁止、懲戒権の見直しへ

平成28年法改正の際に、私は、オーストリアなど複数の国の閣僚や、国際機関、ＮＧＯ、弁護士など、多方面から「体罰禁止を法定化すべき」と提言された。

当時の法律体系における体罰の扱いは、民法第８２０条で、「親権を行う者は、子の利益のために子の監護及び教育をする権利を有し、義務を負う」とあり、さらに同法第８２２条では、「親権を行う者は、第８２０条の規定による監護及び教育に必要な範囲内でその子を懲戒する事ができる」とされていた。法定された「懲戒権」だ。そして児童虐待防止法においては、親権の行使に関し、単に、「適切な行使に配慮しなければならない」と、きわめて曖昧なまま懲戒権が存在していたのだ。

この民法の「懲戒権」の規定についての解釈は、平成12年4月の民事局長の国会答弁によると、「児童虐待と判断される行為が懲戒権として許容されないことは言うまでもない」とする一方で、「この懲戒権には体罰も場合によっては含まれる」と、「しつけのためには、一部体罰が含まれてもよい」との解釈が一般的で、当時の厚労省は一気に踏み込んだ「体罰禁止」の法改正は難しい、との考えだった。確かに、当時はそこまでの世論の盛り上がりもなかった。

しかしそのような状況でも、体罰禁止について少しでも前進させて実効性を高めることはできないか、と思っていた。それに対し事務方は、「無理をすると、自民党の保守系の先生方が黙っていないのではないか」と、明確な根拠のない常套句で慎重姿勢を示した。その結果、児童虐待防止法第14条に、民法第８２０条の規定を引用しながら、「児童の親権を行う者は、児童のしつけに際して、民法８２０条の規定による監護および教育に必要な範囲を超えて当該児童を懲戒してはならず、当該児童の親権の適切な行使に配慮しなければならない」との法文による訓示的な規定を挿入し、当面の対応に留めることになった。

しかし、この2年間、私は、同じくこの問題に強い関心をもつ馳浩自民党虐待問題特命委員長とも連携し、何とか体罰禁止の法定化、および民法の懲戒権の見直しを実現できないかと、可能性を探りつつあった。そこに結愛ちゃん事件、心愛ちゃん事件が続いて表面化し、すべての状況が大きく変わった。

心愛ちゃん事件は２０１９年1月下旬に発生したが、われわれの議連ではとりわけ結愛ちゃん事件以来、体罰禁止問題、虐待と子どもの発育との関連性などの勉強会を重ね、さまざまな講師の方々の意見を傾聴した。例えば、２月7日にはセーブ・ザ・チルドレン・ジャパンの千賀邦夫氏等をお招きし、体罰などの法律による禁止措置導入の提案をうかがった。また、２月12日には福井大学子どものこころの発達研究センターの友田明美教授から、体罰に留まらず、暴言、性的虐待、面前ＤＶ、ネグレクトなど、あらゆる形態の虐待は「前頭前野」の萎縮、「聴覚野」・「視覚野」の変形など、脳の重要な部分が傷つくことを学んだ。暴力に限らずあらゆる形態の虐待を、法的に禁止すべきことを強く示唆する科学的エビデンスといえよう。

われわれ議連においては、こうした児童相談所改革など、子どもを虐待から守り、健全な養育環境整備のための、現実的かつ抜本的な児童福祉法等の改正をめざし、集中的に議論を重ねた。２月12日には「児童福祉法等の抜本的改正を求める決議」をとりまとめ、根本厚労大臣、山下法務大臣に申し入れを行った。その際、決議の文章では、体罰禁止については、「体罰等（体罰および暴言等）」との表現を使った。それは、友田明美教授の言うように、禁止すべきはあらゆる形態の暴力であり、単に身体的な体罰に止まってはいけない、という意味を込めた表現だった。

両大臣室には大勢の国会議員が沈痛な面持ちで参集し、それぞれの考えを両大臣にぶつけた。なかでももっとも厚い壁となりそうな民法改正に関して、山下法務大臣は意見交換のために異例なほどの時間を割き、最後には「懲戒権が虐待の免罪符になることは絶対にあってはならないと考えている。深刻化する虐待を踏まえ、しっかり検討したい」とまで言っていただいた。あの慎重一徹な法務省、それも大臣から、ここまで踏み込んだ発言を聞くとは、正直思っていなかった。

それ以降、3月の改正法の国会提出に向け、厚労省と具体的法文に関する交渉を重ね、児童虐待防止法に、以下の文言が反映された。

「体罰を加えることその他民法第820条の規定による監護及び教育に必要な範囲を超える行為により当該児童を懲戒してはならず、当該児童の親権の適切な行使に配慮しなければならない」

こうして体罰禁止を明定し、懲戒権の行使として体罰は許されないことが法律上明らかになった。加えて、児童福祉法において、親代わりとして監護権をもつ児童相談所長、施設長、里親に関しても、体罰は禁止されることとなった。

さらに、民法８２２条の懲戒権に関しても、当初の厚労省案では施行後5年を目途に見直し、必用な措置を講ずるとされたが、議連の強い意向を受け、見直しは施行後2年、と大きな前進をみた。

ただ、国会での法案審議の過程で、子ども家庭局長答弁において、今回禁止される体罰の範囲は、身体的な苦痛を与える行為のみで、言葉・態度によって戒める行為は含まれないことが明らかになった。しかし、友田明美教授が指摘されるように、身体的な苦痛を伴う体罰に止まらず、児童福祉法第1条にある、健全なる養育を受ける子どもの権利を侵害するあらゆる形態の虐待がなくなるべきであり、心身に深刻な影響を与える限りは、法律において明確に禁止されねばならないと思う。

２０１９年9月より厚労省に「体罰によらない子育ての推進に関する検討会」が立ち上がっており、「体罰によらない子育てのガイドライン」を作成し、普及、周知しようとのことだが、虐待する親は、そのようなガイドラインを読むことは少ないのではないか。まずは法律において禁止することで、法律問題として子どもたちを守るべきであり、虐待による児童の権利侵害を防止する意味でも、常勤弁護士を児童相談所に必置することは不可欠な政策手当てなのだ。

制度創設以来の初めての抜本改正となった「特別養子縁組」

令和元年の児童福祉法等改正にわずかに先行して、同年6月7日、参議院で「民法等の一部を改正する法律」が成立し、同14日に公布された。

これは1988年に創設された「特別養子縁組」制度を、初めて、それも抜本的に改正したものである。特別養子縁組の「養子」の年齢上限を「原則6歳未満」から「原則15歳未満」（例外的に18歳未満）にまで引き上げるとともに、特別養子縁組の成立の手続きを2段階に分けて、申し立てを児童相談所所長にも認めるなど、「養親」の負担を軽減したのが主な内容だ。これは平成28年、平成29年の児童福祉法の抜本改正に続く、きわめて重要な改正である。

平成28年法改正の段階で、特別養子縁組制度にはいくつかの深刻な課題があり、「家庭養育優先原則」の具体化にとって、これらの課題解決が必要不可欠であることを認識していた。しかし時間切れのため、「附則」に「児童の福祉の増進を図る観点から、特別養子縁組制度の利用促進の在り方について検討し、必要な措置を講ずる」と明記するに留め、私たちは厚労省と法務省に一刻も早い議論を促してきた経緯があった。

「パーマネンシー保障」の第一選択肢

「家庭養育優先原則」のなかでも特別養子縁組は、「パーマネンシー保障」（特定の大人との永続的な関係）の観点から、世界の常識は実親等が養育できない場合の第一の選択肢である。実親の次に安定的な愛着形成が可能であり、「家庭における養育環境と同様の養育環境」の筆頭にあるのが特別養子縁組なのだ。上の表に示すように欧米では特別養子縁組はきわめて一般的で、人口10万人あたり米国が別格の38・０人、英国が８・44人、フランスが６・41人、ドイツが４・69人に対し、日本はたったの０・48人と、惨憺たる状況だ。

「特別養子縁組」がほとんど活用されない日本

国名	人口（百万人）	成立件数	人口10万人当たり件数
アメリカ	314	119,514	**38.0**
イギリス	56	4,734	**8.44**
フランス	62	3,964	**6.41**
ドイツ	81	3,805	**4.69**
日本	127	616	**0.48**

※各国のデータは、ドイツが平成26年、フランス：平成19年、イギリス：平成23年、アメリカ：平成24年、日本は平成29年の調査資料による。　※イギリスはイングランドとウェールズのみの数字。

【出典】厚生労働省資料より塩崎恭久事務所作成

日本の特別養子縁組の年間成立件数は、近年、５００〜６００件台で推移してきた。しかし特別養子縁組は、これまで厚労省の社会的養護の施策では、まるで別枠のような扱いを受けてきた。まず第一に、厚労省が集計する「要保護児童数」（毎年約４万５千人で推移）のなかに、特別養子縁組で保護された児童は含まれてすらいない。また、平成28年改正前は、養子縁組の相談や斡旋は、児童相談所の正式業務になっていなかった。このような実態では、特別養子縁組制度を社会的養育施策のなかで積極的に位置づけ、活用しようとする意識が厚労省にも、法務省にも、きわめて希薄だったと言わざるを得ない。

特別養子縁組制度が抱えていた「課題」

平成28年改正の「附則」を受けて設置されたのが、厚労省の「児童虐待対応における司法関与及び特別養子縁組制度の利用促進の在り方に関する検討会」(平成28年7月~平成29年6月)であり、それに続く法務省における「特別養子を中心とした養子制度の在り方に関する研究会」(平成29年7月~平成30年5月)、および法務省「法制審議会特別養子制度部会」(平成30年6月~平成31年1月)である。

私が厚労大臣在任中に、平成28年改正法の成立とほぼ同時に、特別養子縁組の課題を議論できるようにスタートさせたのが、前出の厚労省の検討会である。司法関与に加えて特別養子縁組の相談や斡旋に長年取り組んでこられた現場経験者、児童相談所関係者、弁護士、法学者などに参加していただき、緻密な議論が行われた。法務省に対しては、ここでの議論を注視し、厚労省での審議が終わり次第、即座に法務省でも議論できるように準備しておくことをたびたび伝えていた。

ここで、問題となった特別養子縁組制度の課題を整理しておきたい。

厚労省の検討会では、現状の課題を主に以下の５点に整理集約した。①年齢要件、②審判の申立権、実父母の同意等の成立要件、③子どもの出自を知る権利、④養子縁組成立前後の養親や子どもに対する支援、⑤行政と民間斡旋団体の支援体制の強化・連携・協働、養親候補者情報の共有である。

このなかで、特別養子縁組の制度活用にあたって大きな課題となっていたのが、①の「年齢要件」と、②の「審判の申立権、実父母の同意等の成立要件」だった。

「年齢要件」の問題点としては、養子となる子どもが「原則６歳未満」では、その機会を逸するケースが多数報告されていた。制度創設時、このような低い年齢制限が設けられた理由は、特別養子縁組は、養親と養子との間に法的に実の親子関係を形成するが、生みの親が別であると自らは判別できない幼齢期に、養子縁組をした方が親子関係を形成しやすいと考えたのだろう。しかし、虐待などで保護される子どもが６歳以上のケースや、里親や児童養護施設等で養育される６歳以上の子どもが３万人以上いる状況で、特別養子縁組を行うことが望ましいと判断されても、年齢制限でできない事案が厚労省の検討会などでは多数報告された。

「審判の申立権、実父母の同意等の成立要件」では、手続き上の複雑さと養親の負担が問題だった。特別養子縁組の成立は、家庭裁判所の裁判官によって判断されるが、その申し立てを行う権利は養親を希望する者だけに認められていた。これでは、特別養子縁組が望ましいと思われても、特定の養親候補が見つからなければ申し立てに入ることができない。幸いに養親候補がいたとしても、旧法の下では特別養子縁組の審理に入るには実親の同意が必要であり、さらに家裁の認容が下りるまでは実親はその同意をいつでも撤回できた。これでは、先行きが見通せず、養親や養子となる子どもの精神的負担が大きい。

一方、実親が養子縁組に反対したり意思表示をしない場合は、養親たらんとする者が実親による監護が不適当だと立証する必要があるなど、実親と対峙しなければならず、養親にかなりの負担を強いるものであった。

この2点について、令和元年の民法改正では抜本的な見直しが実現したのだ。

法務省との協議と議連の後押し

特別養子縁組は民法上の制度であるから、所管官庁である法務省の審議が鍵になる。平成29年7月に、それまでの厚労省の課題整理を引き継ぐ形で、法務省の検討会が発足して以降、折に触れて法務省の担当官が説明に来てくれた。

その際のやりとりは、主に2点だった。「いつまでに」、「どのような内容」の改正案を国会に提出するか、である。

特に、「いつまでに」はかなり重要だった。法務省は民法改正には通常2年以上の議論を経ることが多く、この時も明言は避けつつも、当初はそのようなペース感だった。平成29年夏の時点で、そこから2年間議論し、平成32年1月の通常国会に法案提出となると、施行は一般的にその1年後の平成33年だ。これはあまりに遅すぎる。私は、何としても、せいぜい議論は1年程度にして、法案提出を平成31年1月の通常国会に間に合わせるべきであると何度も申し入れた。特別養子縁組の改善は多くの子どもの人生に大きな影響を与える。場合によっては命まで左右することもある。早く改正すれば、それだけ多くの子どもたちを救えるわけだ。この点を、私は法務省担当官に強調し続けた。

一方で、「どのような内容」の民法改正にするかは、検討会での議論を見守りつつ、望ましい方向性については、ひとまず自民党の議連での議論等を通じて影響を与えていくこととした。何より特別養子縁組こそが、「家庭養育優先原則」の下での具体策の筆頭であり、子どもたちにとって第一の選択肢であることを、同志の国会議員のみならず、行政、児童相談所、施設の関係者等に訴えていかなければならなかった。

この間、民間団体による特別養子縁組支援を規律をもって推進するための「特別養子縁組あっせん法」は、超党派の議員立法として検討が重ねられ、当時、私の厚労大臣室にも超党派の議員が複数、協力要請に来られた。自民党では野田聖子代議士や木村弥生代議士、公明党の遠山清彦代議士、民進党の田嶋要代議士などが尽力されていた。成立は平成28年秋の臨時国会だったものの、法案提出は平成28年児童福祉法改正案と同時期であり、私も強い関心をもってこの法案の行方を追っていた。

私たちの議連では、特別養子縁組にテーマを絞って5回、検討を行った。平成29年12月13日には、認定NPO法人フローレンスの駒崎弘樹代表理事から話をうかがった。この時の主要議題は、「特別養子縁組あっせん法」の成立を受けて、民間斡旋機関にどのような助成事業が行われるのか、だった。

この時の議連の議論では、法成立自体はおおいに歓迎しつつ、新たな業務が法定されることから、業務に対応するための人件費をはじめとする事業費の拡大に見合う補助制度が必要なことを訴えることに集約した。その結果、厚労省は財務省と折衝し、「薄く広く」補助する制度から、「選択と集中」の補助制度に軌道修正した。

また平成30年3月14日には一般社団法人ベアホープのロング朋子代表理事にお話しいただ

だいた。ロングさんは、ご自身も実子と里子を育てておられる。普段私たち大人が気づきにくい子どもの心の葛藤やそれをどう大人が包み込み、安定的な養育環境を確保していくべきなのか、そのために特別養子縁組や里親がいかに大きな役割を果たせるのかなど、皮膚感覚でお話しいただいた。さらに議員からの質問に応えるかたちで、障がいをもつ子どもの場合の特別養子縁組も日常的にあり、なかには医療的ケア児の特別養子もあるとのことで、その事実に参加議員などは深く感銘を受けたことが印象深い。

続く3月27日には、「赤ちゃんポスト」で有名な、熊本県の慈恵病院理事長兼院長の蓮田太二先生を招聘してお話をうかがった。全国的に賛否の議論が起こった「赤ちゃんポスト」だが、2007年の開設以来、2016年時点で全国各地から預かった130人の赤ちゃんの命を救った事実は重い。しかもこれらの赤ちゃんのもっとも多い受け入れ先は、特別養子縁組だった。蓮田先生は当初から、「子どもはできる限り家庭で育つべき」という強い思いをもっておられ、特別養子縁組普及の研修会にまったく出席しない児童相談所が多い現状にも強く憤っておられた。

また続いて4月11日には、埼玉県のさめじまボンディングクリニック院長で、全国の産婦人科医ネットワーク、あんしん母と子の産婦人科連絡協議会理事長の鮫島浩二先生をお招きした。児童相談所による特別養子縁組斡旋が一般的ではない現状で、全国の産婦人科の先生方が使命感をもって特別養子縁組の相談、斡旋に尽力されていることをご紹介いただいた。

法務省検討会での議論が大詰めを迎えつつあった10月24日には、公益社団法人家庭養護促進協会で、50年以上にわたり里親や特別養子縁組の相談、斡旋を行ってきた岩崎美枝子さんにお越しいただいた。非血縁の親子関係の形成で子どもが「試し行動」をとる意味、特定の大人との永続的な関係を築くには、あるがままの子どもを受け入れる愛情が大切、といった長年の経験に裏打ちされたお話をいただいた。

これらの一連の議連の活動で、国会議員のなかでも特別養子縁組や里親への理解が徐々に、しかし確実に深まっていったと思う。

特別養子縁組の新たな頁が開かれた

２０１９年1月開会の通常国会が迫るなか、２０１８年秋の時点で、法務省検討会での議論が大詰めを迎えていた。特に「年齢要件」をめぐり、現場のニーズをよく知る児童相談所関係者や長年にわたって相談、斡旋を行ってきた委員と、民法学者の委員との間で意見がまとまらないという声が聞こえてきた。

この時、議論の俎上には３つの案があった。「①原則８歳未満、例外13歳」、「②13歳未満」、「③原則15歳未満、例外18歳未満」である。私自身は③案であるべきだと考えていたが、特に民法学者は③案に対して以下のような主張をした。年齢要件は、あくまで14歳までとし、15～17歳は子ども自身の意思で普通養子縁組が可能なので、特別養子縁組の必要性はないというのだ。

この主張に対して、私は専門家の方々の助言を得ながら、なぜ例外的に18歳未満まで必要か、という具体例をペーパーに記して渡し、法務省を説得した。つまり、特別養子縁組が行われると、法的に子どもと実親の関係は切れ、養親と実の親子関係が成立するために、実親との間での扶養義務や相続権は消滅する。それに対し、普通養子縁組では法的な親子関係が実親との間に残り、実親の借金を背負わなければならなかったり、実親が生活保護申請をした際の扶養義務や、相続等の関係が続くことになる。それゆえ普通養子縁組では、子どもの居場所を突き止めて、借金を払わせようとする実親もいるのだ。また、可能な限り多くの子どもに特別養子縁組の機会を与えるべきで、15歳以上の年齢の子どもは普通養子縁組で事足りるという形式的な理由で、特別養子縁組の機会が一律になくなるのは望ましくないといったことを法務省に強く訴えた。結果、これらの指摘を法務省は深く理解し、そうした方向での法改正に向けて努力してくれた。

「審判の申立権、実父母の同意等の成立要件」に関する議論においても、養親や養子となろうとする子どもの負担を最大限軽減させる案が採用された。すなわち特別養子縁組成立の手続きを2段階に分け、1段階目の実親の同意や実親による監護が相当でないことを審理する「特別養子適格の確認の審判」の申し立てをする権利を児童相談所所長にも認め、養親の負担を大幅に軽減した。さらに手続きの第1段階後は、もはや実父母の同意撤回はできない制度設計となり、特別養子縁組の望ましい新たな頁が開かれた。

そしてついにこの民法改正案は、私たちが当初から期待した最短のスケジュールで、平成31年1月からの通常国会に提出された。

この民法改正の検討プロセスを振り返ると、内容面でも、スピード面でも、法務省が事の重要性を深く理解し、尽力してくれたことの意義は、子どもたちの未来にとって大変大きかったと思う。改めて、法務省の対応に対して深い敬意と感謝を表したい。

この改正により、特別養子縁組の機会の間口は飛躍的に広がった。「家庭養育優先原則」の第一選択肢として大いに活用され、多くの子どもたちが安定的な親子関係の下で、自らの力で新たな人生を切り拓いていくことに期待したい。

資料編

ここに掲載した資料は、児童福祉関係の勉強会などで拡大コピーをしてご活用ください。

ご使用の際には、塩崎恭久事務所０３－３５０８－７１８９（直通）にご一報くださいますようお願いいたします。

児童福祉法 関連政策の推移 1章 35頁

1947年（昭和22年）	**「児童福祉法」成立** ※昭和22年の戦争孤児の施設収容目的の立法以来、「保護パラダイム」が28年抜本改正まで70年間継続。
1989年（平成元年）	国連「児童の権利条約」採択 （H元.11.20）
1994年（平成6年）	日本が「児童の権利条約」批准 （H6.5.22）
2000年（平成12年）	**「児童虐待防止法」成立** ※その後、平成16、19年に法改正。
2009年（平成21年）	国連「児童の代替的養育に関する指針」採択 （H21） ※「家庭での養育（特に乳幼児）」と「永続的解決」を原則とする。
2010年（平成22年）	国連「児童の権利委員会」による「第3回最終見解」（H22） ※国連指針を考慮するよう日本政府に勧告。
2011年（平成23年）	厚労省「里親委託ガイドライン」公表 （H23.3.30）
	厚労省「社会的養護の課題と将来像」（H23.7.11） ➡「都道府県推進計画」策定
2015年（平成27年）	「新たな子ども家庭福祉の在り方に関する専門委員会」 （H27.9.7～H28.7.29）

⬇ **大きなパラダイムシフト** ⬇

2016年（平成28年）	**「児童福祉法」改正** （H28.5.27成立、6.3公布）
	「新たな社会的養育の在り方に関する検討会」（H28.7.29～）
2017年（平成29年）	**「児童福祉法」改正** （H29.6.14成立、6.21公布）
	厚労省**「新しい社会的養育ビジョン」** **➡「都道府県推進計画」全面見直しへ**
2018年（平成30年）	**「『都道府県社会的養育推進計画』の策定要領」**を 厚労省が発出 （H30.7.6 ）
2019年（令和元年）	**「児童福祉法等」「民法等（特別養子縁組関係）」改正** （R元. 6 ）

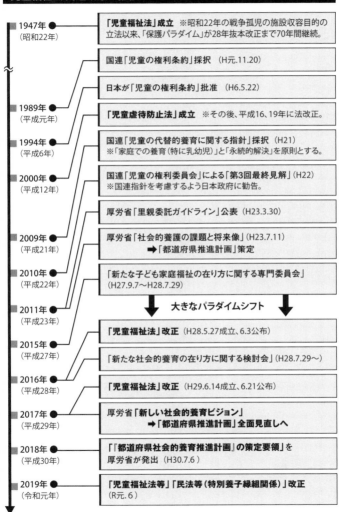

児童福祉法等の一部を改正する法律（平成28年法律第63号）の概要

（平成28年5月27日成立・6月3日公布）

改正の概要

1. 児童福祉法の理念の明確化等

(1) 児童は、適切な養育を受け、健やかな成長・発達や自立等を保障されること等の権利を有することを明確化する。

(2) 国・地方公共団体は、保護者を支援するとともに、家庭と同様の環境における児童の養育を推進するものとする。

(3) 国・都道府県・市町村それぞれの役割・責務を明確化する。

(4) 親権者は、児童のしつけに際して、監護・教育に必要な範囲を超えて児童を懲戒してはならない旨を明記。

2. 児童虐待の発生予防

(1) 市町村は、妊娠期から子育て期までの切れ目ない支援を行う母子健康包括支援センターの設置に努めるものとする。

(2) 支援を要する妊婦等を把握した医療機関や学校等は、その旨を市町村に情報提供するよう努めるものとする。

(3) 国・地方公共団体は、母子保健施策が児童虐待の発生予防・早期発見に資することに留意すべきことを明確化する。

3. 児童虐待発生時の迅速・的確な対応

(1) 市町村は、児童等に対する必要な支援を行うための拠点の整備に努めるものとする。

(2) 市町村が設置する要保護児童対策地域協議会の調整機関に、専門職を配置するものとする。

(3) 政令で定める特別区は、児童相談所を設置するものとする。

(4) 都道府県は、児童相談所に①児童心理司、②医師又は保健師、③指導・教育担当の児童福祉司を置くとともに、弁護士の配置又はこれに準ずる措置を行うものとする。

(5) 児童相談所等から求められた場合に、医療機関や学校等は、被虐待児童等に関する資料等を提供できるものとする。

4. 被虐待児童への自立支援

(1) 親子関係再構築支援について、施設、里親、市町村、児童相談所などの関係機関等が連携して行うべき旨を明確化する。

(2) 都道府県（児童相談所）の業務として、里親の開拓から児童の自立支援までの一貫した里親支援を位置付ける。

(3) 養子縁組里親を法定化するとともに、都道府県（児童相談所）の業務として、養子縁組に関する相談・支援を位置付ける。

(4) 自立援助ホームについて22歳の年度末までの間にある大学等就学中の者を対象に追加する。

（検討規定等）

○施行後速やかに、要保護児童の保護措置に係る手続における裁判所の関与の在り方、特別養子縁組制度の利用促進の在り方を検討する。

○施行後2年以内に、児童相談所の業務の在り方、要保護児童の通告の在り方、児童福祉業務の従事者の資質向上の方策を検討する。

○施行後5年を目途として、中核市・特別区が児童相談所を設置できるよう、その設置に係る支援等の必要な措置を講ずる。

施行期日

平成29年4月1日：1、2 (3) については公布日、2 (2)、3 (4) (5)、4 (1) については平成28年10月1日

【出典】厚生労働省

○児童福祉法（昭和二十二年法律第百六十四号）（抄）（第一条関係）　　（公布日：平成28年10月1日施行）

改正（現行）	改正前
第一条　全て児童は、児童の権利に関する条約の精神にのつとり、適切に養育されること、その生活を保障されること、愛され、保護されること、その心身の健やかな成長及び発達並びにその自立が図られることその他の福祉を等しく保障される権利を有する。	第一条　すべて国民は、児童が心身ともに健やかに生まれ、且つ、育成されるよう努めなければならない。 ② すべて児童は、ひとしくその生活を保障され、愛護されなければならない。
第二条　全て国民は、児童が良好な環境において生まれ、かつ、社会のあらゆる分野において、児童の年齢及び発達の程度に応じて、その意見が尊重され、その最善の利益が優先して考慮され、心身ともに健やかに育成されるよう努めなければならない。	第二条（新設）
② 児童の保護者は、児童を心身ともに健やかに育成することについて第一義的責任を負う。	（新設）
③ 国及び地方公共団体は、児童の保護者とともに、児童を心身ともに健やかに育成する責任を負う。やかに育成する責任を負う。	国及び地方公共団体は、児童の保護者とともに、児童を心身ともに健やかに育成する責任を負う。
第一節　国及び地方公共団体の責務	
第三条の二　国及び地方公共団体は、児童が家庭において心身ともに健やかに養育されるよう、児童の保護者を支援しなければならない。ただし、児童及びその保護者の心身の状況、これらの者の置かれている環境その他の状況を勘案し、児童を家庭において養育することが困難であり又は適当でない場合にあつては児童が家庭における養育環境と同様の養育環境において継続的に養育されるよう、児童を家庭及び当	（新設）

該養育環境において養育することが適当でない場合にあつては児童ができる限り良好な家庭的環境において養育されるよう、必要な措置を講じなければならない。 第三条の三　市町村（特別区を含む。以下同じ。）は、児童が心身ともに健やかに育成されるよう、基礎的な地方公共団体として、第十条第一項各号に掲げる業務の実施、障害児通所給付費の支給、第二十四条第一項の規定による保育の実施その他この法律に基づく児童の身近な場所における児童の福祉に関する支援に係る業務を適切に行わなければならない。 ② 都道府県は、市町村の行うこの法律に基づく児童の福祉に関する業務が適正かつ円滑に行われるよう、市町村に対する必要な助言及び適切な援助を行うとともに、児童が心身ともに健やかに育成されるよう、専門的な知識及び技術並びに各市町村の区域を超えた広域的な対応が必要な業務として、第十一条第一項各号に掲げる業務の実施、小児慢性特定疾病医療費の支給、障害児入所給付費の支給、第二十七条第一項第三号の規定による委託又は入所の措置その他この法律に基づく児童の福祉に関する業務を適切に行わなければならない。 ③ 国は、市町村及び都道府県の行うこの法律に基づく児童の福祉に関する業務が適正かつ円滑に行われるよう、児童が適切に養育される体制の確保に関する施策、市町村及び都道府県に対する助言及び情報の提供その他の必要な各般の措置を講じなければならない。	（新設）

【出典】厚生労働省（傍線は改正部分）

児童福祉法及び児童虐待の防止等に関する法律の一部を改正する法律（平成29年法律第69号）の概要

（平成29年６月14日成立・６月21日公布）

改正の趣旨

虐待を受けている児童等の保護を図るため、里親委託・施設入所の措置の承認の申立てがあった場合に、家庭裁判所が都道府県に対して保護者指導を勧告することができることとする等、児童等の保護についての司法関与を強化する等の措置を講ずる。

※ 昨年の「児童福祉法等の一部を改正する法律」（平成28年法律第63号）の附則において、施行後速やかに裁判所の関与の在り方について検討を加え、その結果に基づいて必要な措置を講ずるものとするとされている。

改正の概要

1. 虐待を受けている児童等の保護者に対する指導への司法関与（児童福祉法）

① 里親委託・施設入所の措置の承認（児童福祉法第 28 条）の申立てがあった場合に、家庭裁判所が都道府県に対して保護者指導を勧告することができることとし、都道府県は、当該保護者指導の結果を家庭裁判所に報告することとする。

② ①の勧告を行い、却下の審判をする場合（在宅での養育）においても、家庭裁判所が都道府県に対して当該保護者指導を勧告することができることとする。

③ ①及び②の場合において、家庭裁判所は、勧告した旨を保護者に通知することとする。

2. 家庭裁判所による一時保護の審査の導入（児童福祉法）

○ 児童相談所長等が行う一時保護について、親権者等の意に反して２ヶ月を超えて行う場合には、家庭裁判所の承認を得なければならないこととする。

3. 接近禁止命令を行うことができる場合の拡大（児童虐待の防止等に関する法律）

○ 接近禁止命令について、現行では、親権者等の意に反して施設入所等の措置が採られている場合にのみ行うことができるが、一時保護や同意のもとでの施設入所等の措置の場合にも行うことができることとする。

4. その他所要の規定の整備

施行期日

公布の日から起算して１年を超えない範囲内において政令で定める日

【出典】厚生労働省

児童虐待防止対策強化を図るための児童福祉法等の一部を改正する法律の概要

（平成29年６月19日成立・６月21日公布）

改正の趣旨

児童虐待防止対策の強化を図るため、児童の権利擁護、児童相談所の体制強化及び関係機関間の連携強化等の所要の措置を講ずる。

改正の概要

1．児童の権利擁護【①の一部は児童虐待の防止等に関する法律、それ以外は児童福祉法】

① 親権者は、児童のしつけに際して体罰を加えてはならないこととする。児童福祉施設の長等についても同様とする。
② 都道府県（児童相談所）の業務として、児童の安全確保を明文化する。
③ 児童福祉審議会において児童に意見聴取する場合においては、その児童の状況・環境等に配慮するものとする。

2．児童相談所の体制強化及び関係機関間の連携強化等

(1) 児童相談所の体制強化等【①・⑥・⑦は児童虐待の防止等に関する法律、それ以外は児童福祉法】

① 都道府県は、一時保護等の介入的対応を行う職員と保護者支援を行う職員を分ける等の措置を講ずるものとする。
② 都道府県は、児童相談所が措置決定その他の法律関連業務について、常時弁護士による助言・指導の下で適切かつ円滑に行うため、弁護士の配置又はこれに準ずる措置を行うものとするとともに、児童相談所に医師及び保健師を配置する。
③ 都道府県は、児童相談所の行う業務の質の評価を行うことにより、その業務の質の向上に努めるものとする。
④ 児童福祉司の数は、人口、児童虐待相談対応件数等を総合的に勘案して政令で定める基準を標準として都道府県が定めるものとする。
⑤ 児童福祉司及びスーパーバイザーの任用要件の見直し、児童心理司の配置基準の法定化により、職員の資質の向上を図る。
⑥ 児童虐待を行った保護者について指導措置を行う場合は、児童虐待の再発を防止するため、医学的又は心理学的知見に基づく指導を行うよう努めるものとする。
⑦ 都道府県知事が施設入所等の措置を解除しようとするときの勘案要素として、児童の家庭環境を明文化する。

(2) 児童相談所の設置促進【①は児童福祉法、②・③は改正法附則】

① 児童相談所の管轄区域は、人口その他の社会的条件について政令で定める基準を参酌して都道府県が定めるものとする。
② 政府は、施行後５年間を目途に、中核市及び特別区が児童相談所を設置できるよう、施設整備、人材確保・育成の支援等の措置を講ずるものとする。
その支援を講ずるに当たっては、関係地方公共団体その他の関係団体との連携を図るものとする。
③ 政府は、施行後５年を目途に、支援等の実施状況、児童相談所の設置状況及び児童虐待を巡る状況等を勘案し、施設整備、人材確保・育成の支援の在り方について検討を加え、必要な措置を講ずるものとする。

児童虐待防止対策強化を図るための児童福祉法等の一部を改正する法律の概要(続

(3) 関係機関間の連携強化【①は児童福祉法、②〜④・⑤の前段は児童虐待の防止等に関する法律、⑤の後段は配偶者からの暴力の防止及び被害者の保護等に関する法律】

① 要保護児童対策地域協議会から情報提供等の求めがあった関係機関等は、これに応ずるよう努めなければならないものとする。

② 国及び地方公共団体は、関係地方公共団体相互間並びに市町村、児童相談所、福祉事務所、配偶者暴力相談支援センター、学校及び医療機関の間の連携強化のための体制の整備に努めなければならないものとする。

③ 児童虐待を受けた児童が住所等を移転する場合に、移転前の住所等を管轄する児童相談所長は移転先の児童相談所長に速やかに情報提供を行うとともに、情報提供を受けた児童相談所長は要保護児童対策地域協議会が速やかに情報交換を行うことができるための措置等を講ずるものとする。

④ 学校、教育委員会、児童福祉施設等の職員は、正当な理由なく、その職務上知り得た児童に関する秘密を漏らしてはならないこととする。

⑤ DV 対策との連携強化のため、婦人相談所及び配偶者暴力相談支援センターの職員については、児童虐待の早期発見に努めることとし、児童相談所は DV 被害者の保護のために、配偶者暴力相談支援センターと連携協力するよう努めるものとする。

3. 検討規定その他所要の規定の整備

① 児童福祉司の数の基準については、児童福祉司の数に対する児童虐待相談対応件数が過重なものとならないよう、必要な見直しが行われるものとする。

② 児童相談所職員の処遇改善、一時保護所等の量的拡充・一時保護の質的向上に係る方策等に対する国の支援等の在り方について、速やかに検討を加え、必要な措置を講ずるものとする。

③ 民法上の懲戒権の在り方について、施行後 2 年を目途に検討を加え、必要な措置を講ずるものとする。

④ 一時保護その他の措置に係る手続の在り方について、施行後 1 年を目途に検討を加え、必要な措置を講ずるものとする。

⑤ 児童の意見表明権を保障する仕組みとして、児童の意見を聴く機会の確保、児童が自ら意見を述べる機会の確保、その機会に児童を支援する仕組みの構築、児童の権利を擁護する仕組みの構築その他の児童の権利擁護の在り方について、施行後 2 年を目途に検討を加え、必要な措置を講ずるものとする。

⑥ 児童福祉の専門知識・技術を必要とする支援を行う者の資格の在り方その他資質の向上策について、施行後 1 年を目途に検討を加え、必要な措置を講ずるものとする。

⑦ 児童虐待の防止等に関する施策の在り方について、施行後 5 年を目途に検討を加え、必要な措置を講ずるものとする。

⑧ 通報の対象となる DV の形態及び保護命令の申立をすることができる DV 被害者の範囲の拡大、DV 加害者の地域社会における更生のための指導等の在り方について、公布後 3 年を目途に検討を加え、必要な措置を講ずるものとする。

⑨ その他所要の規定の整備を行う。

施行期日

令和 2 年 4 月 1 日：3 ②及び⑧については公布日、2 (1) ②及び⑤の一部については令和 4 年 4 月 1 日、2 (2) ①は令和 5 年 4 月 1 日

【出典】厚生労働省

「懲戒権」見直し、および「体罰禁止」等に関する改正案

2019（平成31）年3月19日閣議決定

民法

（監護及び教育の権利義務）
第820条　親権を行う者は、子の利益のために子の監護及び教育をする権利を有し、義務を負う。
（懲戒）
第822条　親権を行う者は、第820条の規定による監護及び教育に必要な範囲内でその子を懲戒することができる。

児童虐待の防止等に関する法律

（親権の行使に関する配慮等）
第14条　児童の親権を行う者は、児童のしつけに際して、民法（明治29年法律第89号）第820条の規定による監護及び教育に必要な範囲を超えて当該児童を懲戒してはならず、当該児童の親権の適切な行使に配慮しなければならない。
2　児童の親権を行う者は、児童虐待に係る暴行罪、傷害罪その他の犯罪について、当該児童の親権を行う者であることを理由として、その責めを免れることはない。

学校教育法

第11条　校長及び教員は、教育上必要があると認めるときは、文部科学大臣の定めるところにより、児童、生徒及び学生に懲戒を加えることができる。ただし、体罰を加えることはできない。

↓

児童福祉法等の一部を改正する法律案

附則（検討等）
第6条4項　政府は、この法律の施行後2年を目途として、民法（明治29年法律第89号）第822条の規定の在り方について検討を加え、必要があると認めるときは、その結果に基づいて必要な措置を講ずるものとする。

児童虐待の防止等に関する法律改正案

（親権の行使に関する配慮等）
第14条　児童の親権を行う者は、児童のしつけに際して、体罰を加えることその他民法（明治29年法律第89号）第820条の規定による監護及び教育に必要な範囲を超える行為により当該児童を懲戒してはならず、当該児童の親権の適切な行使に配慮しなければならない。

児童福祉法改正案

第33条の2
②　児童相談所長は、（中略）、監護、教育及び懲戒に関し、その児童の福祉のため必要な措置を採ることができる。ただし、体罰を加えることはできない。

③　児童福祉施設の長、その住居において養育を行う第6条の3第8項に規定する厚生労働省令で定める者又は里親は、（中略）、監護、教育及び懲戒に関し、その児童等の福祉のため必要な措置をとることができる。ただし、体罰を加えることはできない。

【出典】首相官邸HP

民法等の一部を改正する法律の概要

（公布：令和元年6月14日・施行：令和2年4月1日）

検討の経過

H30. 6	法務大臣から法制審議会へ諮問	H31. 2.14	要綱の取りまとめ・答申
H30. 6～	法制審部会での調査審議開始	H31. 3.15	閣議決定・国会提出
H31. 1.29	要綱案の取りまとめ	R 1. 6. 7	改正法成立（R 2. 4. 1施行）

改正の目的

児童養護施設に入所中の児童等に家庭的な養育環境を提供するため，特別養子縁組の成立要件を緩和すること等により，制度の利用を促進。

厚労省検討会が**全国の児童相談所・民間の養子あっせん団体**に対して実施した調査の結果
「要件が厳格」等の理由で特別養子制度を利用できなかった事例　298件　（H26～H27）
（うち「実父母の同意」を理由とするもの　**205件**　・「上限年齢」を理由とするもの　**46件**）

見直しのポイント

① **特別養子制度の対象年齢の拡大（第1）**
② **家庭裁判所の手続を合理化して養親候補者の負担軽減（第2）**

1. 養子候補者の上限年齢の引き上げ（民法改正）

1. 改正前

養子候補者の上限年齢

原則　特別養子縁組の成立の審判の申立ての時に<u>6歳未満</u>であること。
例外　6歳に達する前から養親候補者が引き続き養育　⇒　<u>8歳未満</u>まで可。

現行制度において上限年齢が原則6歳未満，例外8歳未満とされている理由
① 養子候補者が幼少の頃から養育を開始した方が**実質的な親子関係**を形成しやすい。
② 新たな制度であることから，まずは，**必要性が明白な場合に限って導入**。

【児童福祉の現場等からの指摘】
年長の児童について，特別養子制度を利用することができない。

2. 改正後

養子候補者の上限年齢の引上げ等

(1)　<u>審判申立時における上限年齢</u>（新民法第817条の5第1項前段・第2項）
原則　特別養子縁組の成立の審判の申立ての時に15歳未満であること。
例外　①15歳に達する前から養親候補者が**引き続き養育**
②**やむを得ない事由により**15歳までに申立てできず
（①②の場合）15歳以上でも可。

※　15歳以上の者は自ら普通養子縁組をすることができることを考慮して15歳を基準としたもの。

(2)　<u>審判確定時における上限年齢</u>（新民法第817条の5第1項後段）
審判確定時に18歳に達している者は，縁組不可。

(3)　<u>養子候補者の同意</u>（新民法第817条の5第3項）
養子候補者が審判時に**15歳に達している場合**には，その者の**同意が必要**。
（**15歳未満の者**についても，その**意思を十分に考慮**しなければならない。）

2. 特別養子縁組の成立手続きの見直し
（家事事件手続法および児童福祉法の改正）

1. 改正前

養親候補者の申立てによる1個の手続

養親候補者
申立て

特別養子縁組の成立の審判手続 ⇒ 特別養子縁組成立の審判

（審理対象）
- **実親**による養育が著しく困難又は不適当であること等
- **実親**の同意（審判確定まで撤回可能）の有無等
- **養親子**のマッチング
  ※ 6か月以上の試験養育

・実親の養育能力
（経済事情や若年等）
・虐待の有無

・養親の養育能力
・養親と養子の相性

【児童福祉の現場等からの養親候補者の負担についての指摘】
① **実親による養育状況に問題ありと認められるか分からないまま**，試験養育をしなければならない。
② **実親による同意の撤回に対する不安**を抱きながら試験養育をしなければならない。
③ **実親と対立**して，**実親による養育状況等を主張・立証**しなければならない。

2. 改正後

二段階手続の導入

(1) <u>二段階手続の導入</u>（新家事事件手続法第164条・第164条の2関係）
特別養子縁組を以下の二段階の審判で成立させる。
（ア）**実親**による養育状況及び**実親**の同意の有無等を判断する審判（**特別養子適格の確認の審判**）
（イ）**養親子**のマッチングを判断する審判（**特別養子縁組の成立の審判**）
⇒ 養親候補者は，**第1段階の審判における裁判所の判断が確定した後に試験養育**をすることができる（上記①及び②）。

(2) <u>同意の撤回制限</u>（新家事事件手続法第164条の2第5項関係）
⇒ 実親が第1段階の手続の裁判所の期日等でした同意は，**2週間経過後は撤回不可**（上記②）。

(3) <u>児童相談所長の関与</u>（新児童福祉法第33条の6の2・第33条の6の3）
⇒ **児童相談所長が第1段階の手続の申立人又は参加人として主張・立証**をする（上記③）。

（イメージ図）

児相長 or
養親候補者
申立て

第1段階の手続 ⇒ 特別養子適格の確認の審判

（審理対象）
- **実親**による養育状況
- **実親**の同意の有無等

実親は，第2段階には関与せず，同意を撤回することもできない。

養親候補者
申立て

第2段階の手続 ⇒ 特別養子縁組成立の審判

（審理対象）
- **養親子**のマッチング

※ 6か月以上の試験養育

試験養育がうまくいかない場合には却下

養親となる者が第1段階の審判を申し立てるときは，第2段階の審判と同時に申し立てなければならない。
二つの審判を同時にすることも可能。
⇒ 手続長期化の防止

【出典】法務省

虐待相談対応件数・要保護児童数・施設入所数の推移　1章 25頁

虐待相談対応件数は近年著しく増加しているが、保護された児童数は4万人強で20年以上も変動なく、その多くは施設等に入所している。

「保護児童数」＝
里親＋ファミリーホーム＋乳児院＋児童養護施設＋
児童心理治療施設＋児童自立支援施設＋母子生活支援施設＋
自立援助ホーム

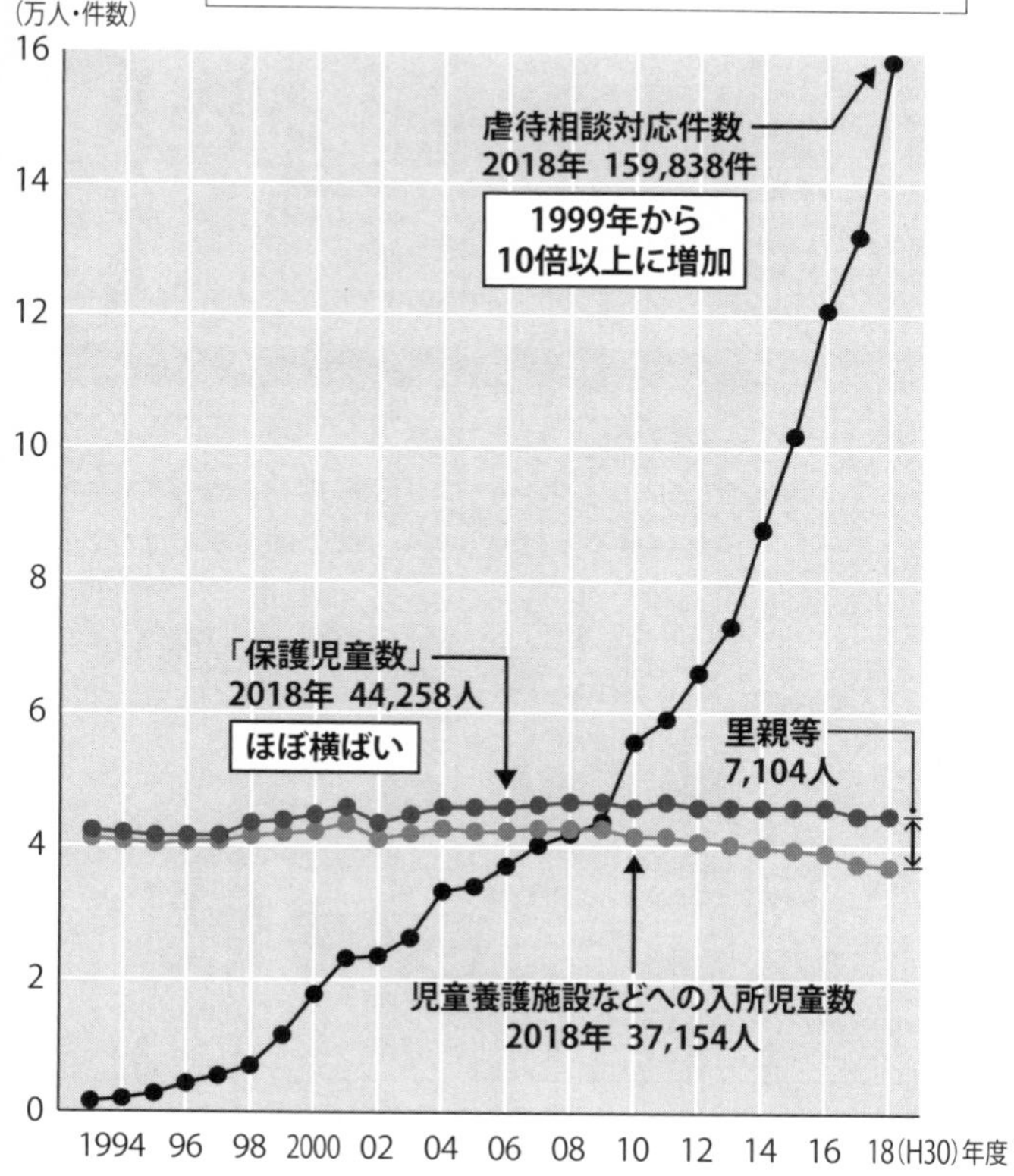

【出典】厚生労働省資料より塩崎恭久事務所作成

保護された児童の受け入れ先 1章 20頁

保護された児童の受入先を見ると、多くの児童は施設に預けられ、家庭的養育環境が整った里親やファミリーホームへのは委託はきわめて少ない。

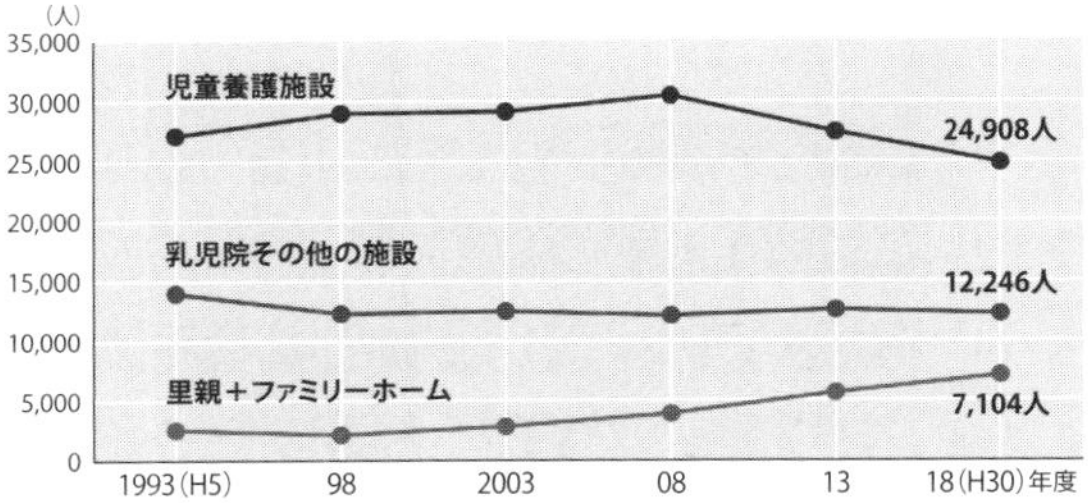

【出典】厚生労働省資料から塩崎恭久事務所にて作成

保護された児童の主要国比較 1章 20頁

保護される児童数を他国と比べると、日本は極端に少ない。何故なのか？

国名	児童人口（千人）	保護児童数（千人）	児童人口1万人当たり保護児童数（人）
カナダ	7,090	76	109
デンマーク	1,199	13	104
フランス	13,427	137	102
ドイツ	14,829	110	74
ノルウェー	1,174	8	68
アメリカ	74,000	489	66
スウェーデン	1,911	12	63
イギリス	13,243	73	56
スペイン	7,550	38	51
ニュージーランド	1,006	5	49
オーストラリア	4,836	24	49
日本	23,046	38	17

【出典】June Thoburn（2007）“Globalisation and child welfare：Some lessons from a cross-national study of children in out-of-home care”より抜粋　※保護児童数は、里親・ファミリーホームの委託児童数

社会的養育関連予算の各国比較

国名	米国	カナダ	デンマーク	ドイツ	ルーマニア	日本
社会的養護費用／名目GDP（%）	**2.6**	**2.6**	**0.75**	**0.23**	**0.09**	**0.02**

【出典】「平成26年度厚生労働省児童福祉問題調査研究事業：社会的養育の国際比較に関する研究」より引用

虐待を受けた児童の割合

1章 27頁

児童養護施設に入所している子どものうち約6割、乳児院に入所している子どものうち4割弱、里親に委託されている子どものうち約3割が虐待を受けている。

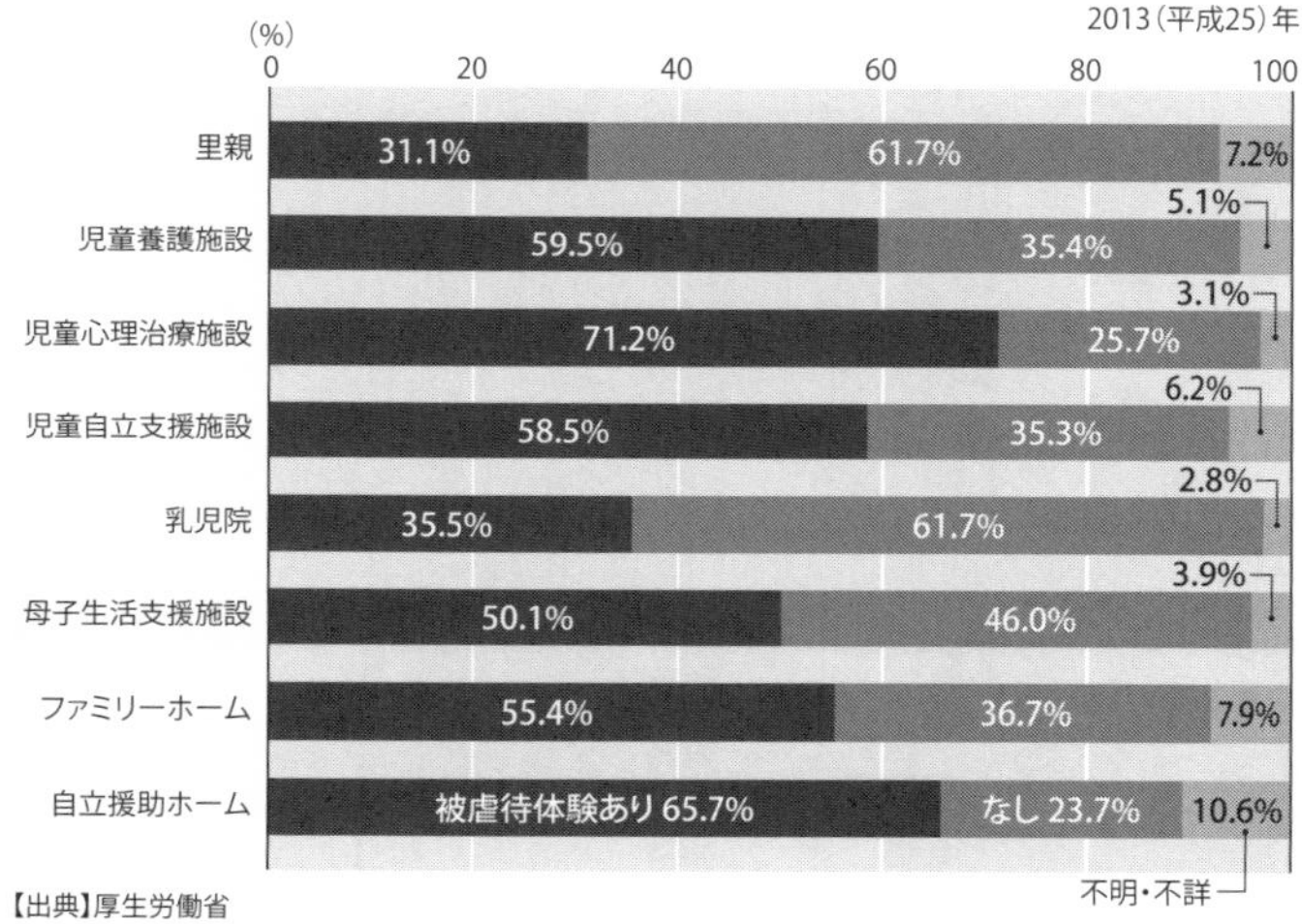

【出典】厚生労働省

児童相談所における児童虐待の現状

1章 26頁

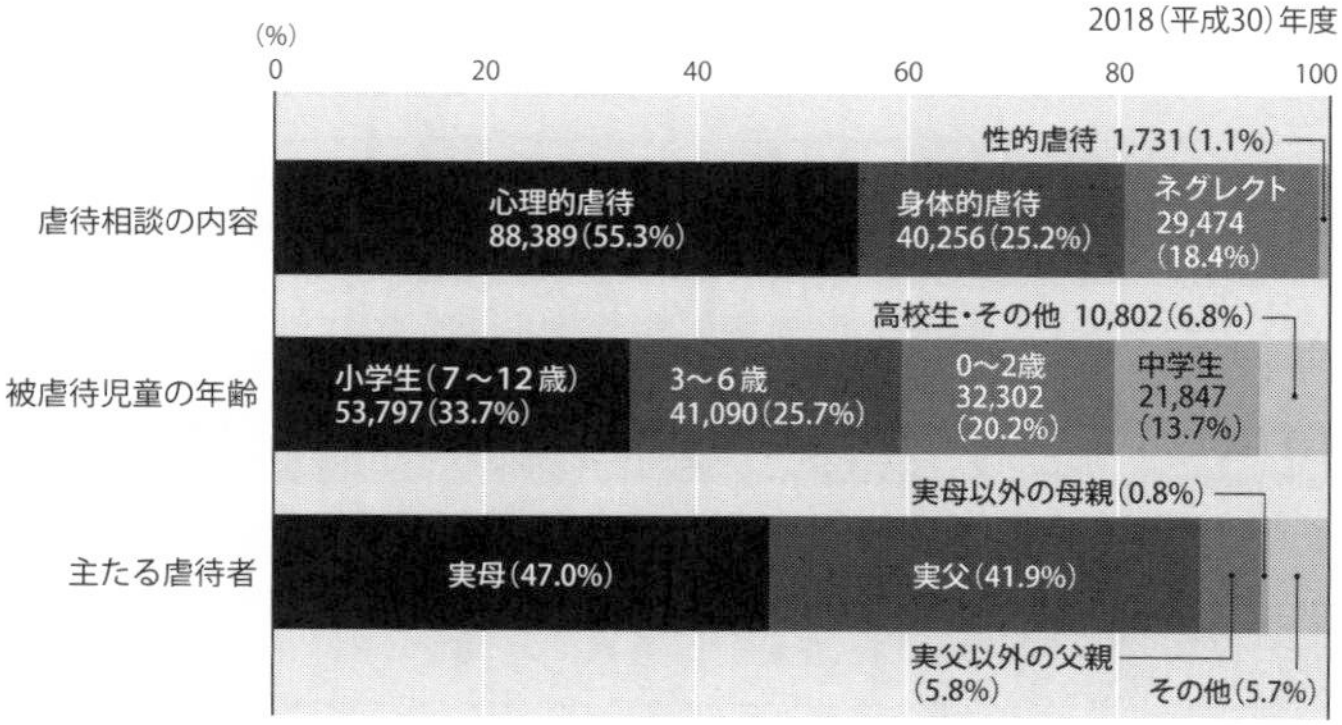

【出典】厚生労働省

法改正後の司法関与

2章 84頁

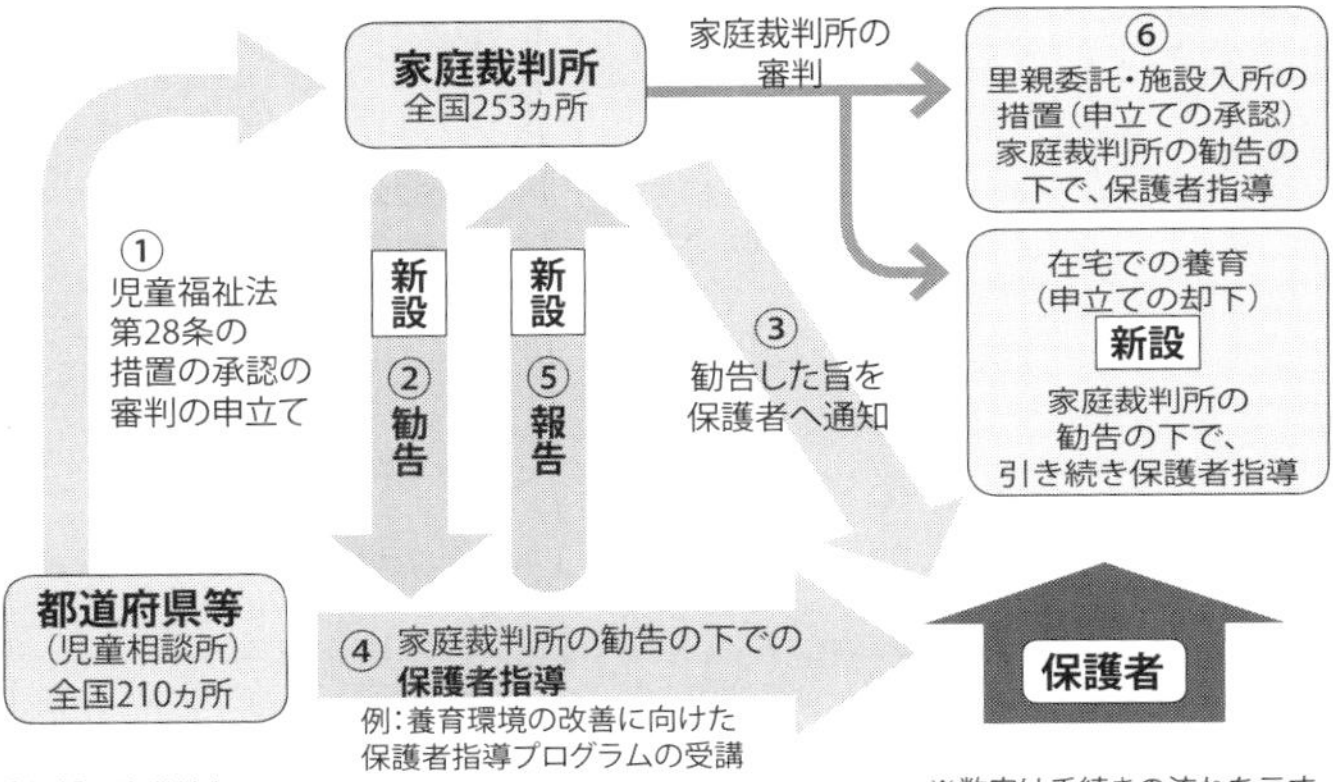

【出典】厚生労働省

※数字は手続きの流れを示す。

法改正後の弁護士の活用状況等

2章 79頁

2019（平成31）年4月1日

児童相談所の数	常勤職員として配置（配置割合（÷210所））		非常勤職員として配置（配置割合（÷210所））		弁護士事務所との契約等（配置割合（÷210所））
	相談所数	人数	相談所数	人数	
215ヵ所※1	11ヵ所※2（5.1%）	14人	94ヵ所（43.7%）	156人	110ヵ所（51.2%）

※）常勤弁護士を配置している自治体は、和歌山県（1ヵ所、1人）、福岡県（1ヵ所、1人）、横浜市（1ヵ所、1人）、川崎市（1ヵ所、1人）、新潟市（1ヵ所、3人：本庁と兼任）、名古屋市（3ヵ所、3人）、大阪市（1ヵ所、1人）、福岡市（1ヵ所、1人）、明石市（1ヵ所、2人）

【出典】厚生労働省

法改正後の医師の活用状況等

2019（平成31）年4月1日

児童相談所の数	医師の配置員数	常勤医師数	非常勤医師数
医師数合計	664人	46人	618人
医師配置の児童相談所数（総数210ヵ所）	193ヵ所	30ヵ所	168ヵ所

【出典】厚生労働省

主要国の児童虐待対応体制等の比較 1章 28頁

<table>
<tr><th></th><th>アメリカ</th><th>日本</th></tr>
<tr><td>人口</td><td>3億2780万人（2018年）</td><td>1億2616万人（2019年）</td></tr>
<tr><td>根拠法</td><td>● 児童虐待防止対策法（連邦）
● 独自の法的、行政的なプログラム（各州）</td><td>● 児童福祉法
● 児童虐待防止法</td></tr>
<tr><td>児童虐待の定義</td><td>● 児童虐待とネグレクト
● 性的虐待</td><td>保護者がその監護する児童について行う以下の行為をいう。
①身体的虐待
②性的虐待
③ネグレクト
④心理的虐待</td></tr>
<tr><td>児童虐待対応で調査や子どもの保護を実施している機関</td><td>児童保護サービス機関（州又は郡の公的な児童福祉部門の一部）</td><td>児童相談所（都道府県、政令指定都市及び児童相談所設置市が設置）</td></tr>
<tr><td>設置数</td><td>各州に置かれているが、児童福祉担当機関の規模は州によって異なる。
（例）
○ ロサンゼルス郡
人口約870万人/CPS17支所
1ヵ所あたりの人口約51万人
（※1）
○ マサチューセッツ州（精査中）
人口約686万人/DCF地域事務所28ヵ所
1ヵ所あたりの人口約24万人
（※1）
○ オレゴン州（精査中）
人口約414万人/DHSの虐待通報窓口36ヵ所
1ヵ所あたりの人口約12万人
（※1）</td><td>215ヵ所（H31.4）
1ヵ所あたりの人口約59万人
（※1）
⬇
<table><tr><td>全中核市に設置</td><td>＋56ヵ所</td><td>47万人に1ヵ所</td></tr><tr><td>さらに全特別区に設置</td><td>＋23ヵ所</td><td>43万人に1ヵ所</td></tr><tr><td>合計</td><td>287ヵ所</td><td></td></tr></table></td></tr>
</table>

	ドイツ	イギリス
人口	8270万人（2017年）	5560万人（2017年）
根拠法	● 社会法典第8編 ● 児童保護法 ● 民法 ● 刑法	● 1989年児童法 ● 2004年児童法
児童虐待の定義	● 法律上の明確な定義なし。 ● 民法第1666条第1項において、「子の福祉の危険」について身体的虐待、精神的虐待、性的虐待、ネグレクトに区分して規定。	法律上、虐待に特化した定義なし。
児童虐待対応で調査や子どもの保護を実施している機関	青少年局	Children Social Care
設置数	広域主体（16州）に１つの州青少年局、地域主体に１つの青少年局が置かれている（511ヵ所）。 **1ヵ所あたりの人口約16万人** （※1）	各地方自治体（152自治体）に置かれている。 大きな地方自治体によっては、支部等が置かれているが、どのような配置にするかは地方自治体によって異なる。 **1ヵ所あたりの人口約37万人** （※1）

※1 人口を機械的に割ったもの。
※2 アメリカでChild protective servicesを担う行政機関は、州によって名称が異なる。（Department of Children & Families, Department of Human Services等）

【出典】日本のデータは厚労省資料から塩崎恭久事務所にて一部修正。海外の緒データは、外務省HP、マサチューセッツ州DCFHP、オレゴン州DHSHP、アメリカ統計局HP、イギリス統計局HP。ならびに、平成26年厚生労働省雇用均等・児童家庭局調べ（アメリカ、イギリス、ドイツ）。「アメリカ・イギリス・北欧における児童虐待対応について」児童虐待防止対策の在り方に関する専門委員会（第3回・平成26年10月31日）増沢高氏（子どもの虹情報研修センター研修部長）提出資料、岩志和一郎編著「児童福祉と司法の間の子の福祉──ドイツにみる児童虐待防止のための諸力連携」（尚学社・2018年11月）より

千葉県における児童相談所別 管轄人口・管轄範囲

1章 30頁

児童相談所名	管轄市町村名	人口	管轄人口（H27国勢調査）
中央児童相談所	成田市	131,190	1,345,788
	佐倉市	172,739	
	習志野市	167,909	
	市原市、八千代市、四街道市、八街市、印西市、白井市、富里市、印旛郡	873,950	
市川児童相談所	市川市	481,732	1,377,563
	船橋市（中核市）	622,890	
	鎌ヶ谷市、浦安市	272,941	
柏児童相談所	松戸市	483,480	1,356,996
	野田市	153,583	
	柏市（中核市）、流山市	719,933	
銚子児童相談所	銚子市	64,415	280,770
	旭市	66,586	
	匝瑳市、香取市、香取郡	149,769	
東上総児童相談所	茂原市	89,688	434,489
	東金市	60,652	
	勝浦市、山武市、いすみ市、大網白里市、山武郡、長生郡、夷隅郡	284,149	
君津児童相談所	館山市	47,464	455,178
	鴨川市	33,932	
	木更津市、君津市、富津市、袖ケ浦市、南房総市、安房郡、千葉市（政令指定都市）	373,782	
千葉市児童相談所	千葉市（政令指定都市）	971,882	971,882
合計			6,222,666

□ 囲みは中核市

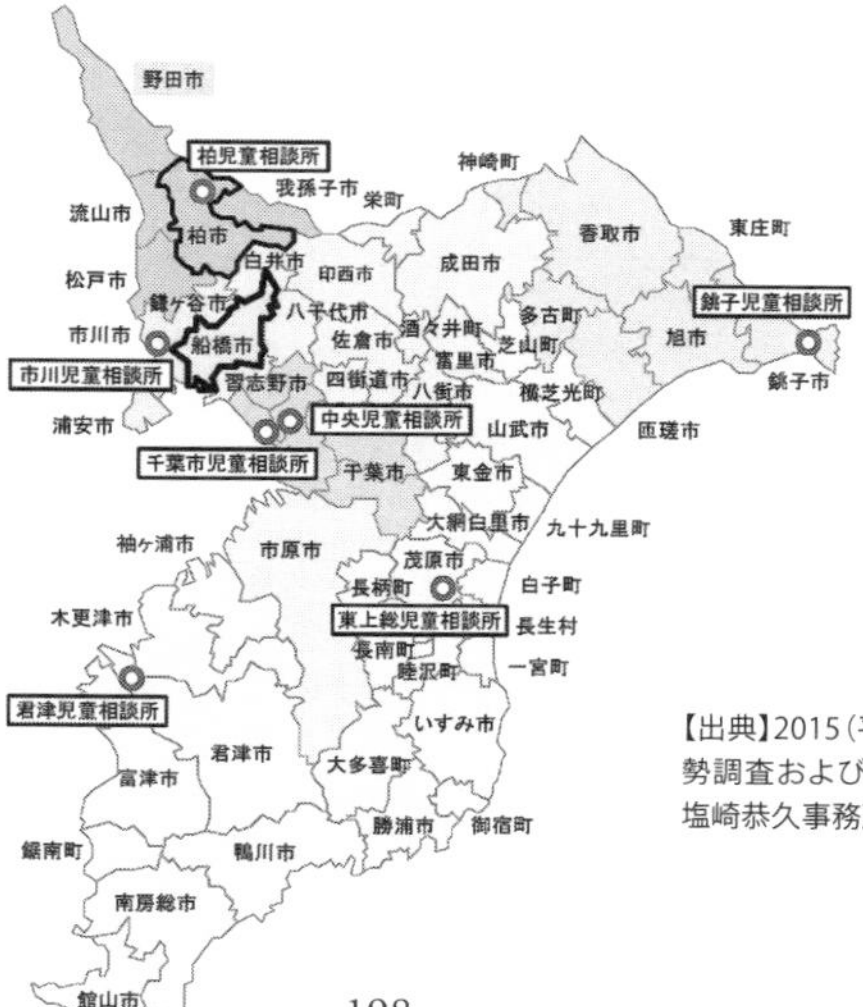

【出典】2015（平成27）年度国勢調査および千葉県HPより
塩崎恭久事務所作成

愛媛県における児童相談所別 管轄人口・管轄範囲

1章31頁

児童相談所名	管轄市町村名	人口	管轄人口（H27国勢調査）
福祉総合支援センター	**松山市（中核市）**	514,865	916,709
	今治市	158,114	
	八幡浜市	34,951	
	大洲市	44,086	
	伊予市	36,827	
	東温市	34,613	
	上島町	7,135	
	久万高原町	8,447	
	松前町	30,064	
	砥部町	21,239	
	内子町	16,742	
	伊方町	9,626	
東予子ども・女性支援センター	新居浜市	119,903	315,490
	西条市	108,174	
	四国中央市	87,413	
南予子ども・女性支援センター	宇和島市	77,465	153,063
	西予市	38,919	
	松野町	4,072	
	鬼北町	10,705	
	愛南町	21,902	
合計			1,385,262

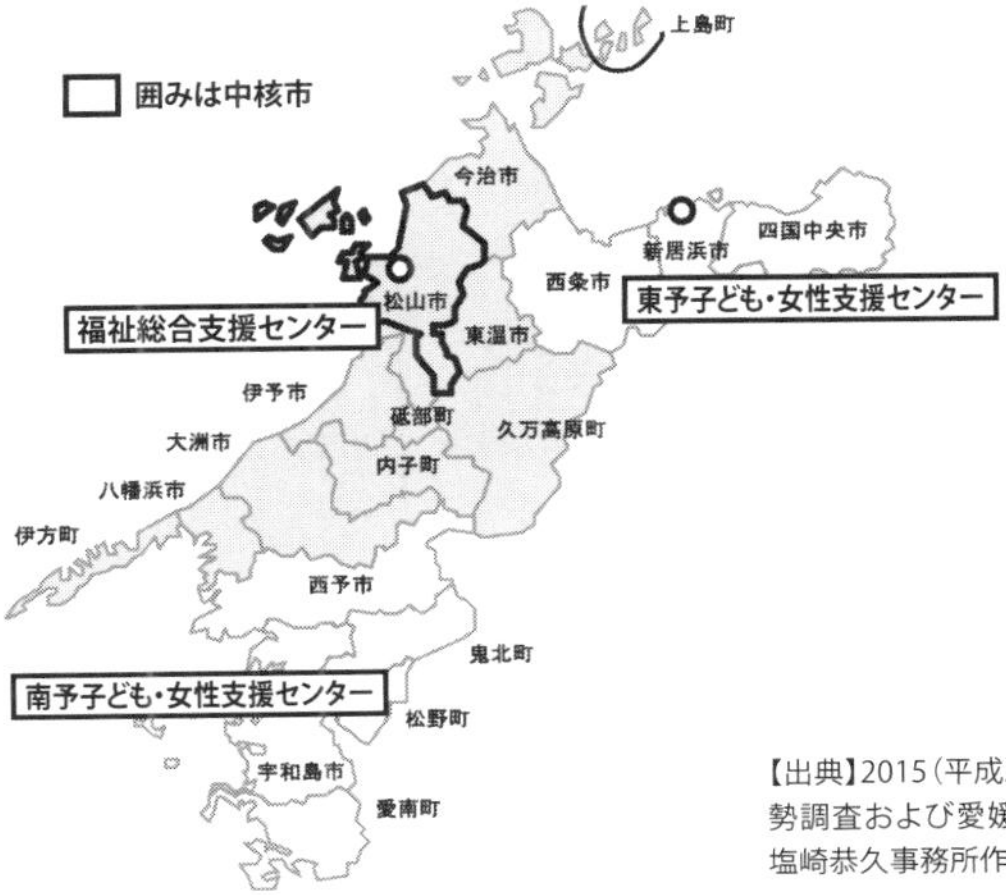

【出典】2015（平成27）年度国勢調査および愛媛県HPより塩崎恭久事務所作成

中核市および特別区における児童相談所設置の必要性

平成28年の児童福祉法改正では、児童相談所がカバーする網の目を細かくするために、「人口の多い中核市および特別区に児童相談所を設置することができるよう、支援その他の必要な措置を講ずる」との附則が設けられた。

■中核市人口

	市名	県名	人口
1	船橋市	千葉県	635,947
2	鹿児島市	鹿児島県	597,193
3	川口市	埼玉県	589,049
4	八王子市	東京都	577,254
5	姫路市	兵庫県	531,298
6	宇都宮市	栃木県	520,189
7	松山市	愛媛県	510,963
8	東大阪市	大阪府	496,082
9	西宮市	兵庫県	488,126
10	大分市	大分県	478,113
11	倉敷市	岡山県	476,073
12	金沢市	石川県	465,325
13	福山市	広島県	463,020
14	尼崎市	兵庫県	451,072
15	豊田市	愛知県	425,848
16	柏市	千葉県	424,322
17	高松市	香川県	419,696
18	富山市	富山県	417,332
19	長崎市	長崎県	416,419
20	岐阜市	岐阜県	402,537
21	枚方市	大阪府	400,690
22	宮崎市	宮崎県	398,841
23	豊中市	大阪府	398,295
24	横須賀市	神奈川県	397,618
25	岡崎市	愛知県	386,639
26	豊橋市	愛知県	373,592
27	長野市	長野県	372,304
28	高崎市	群馬県	370,884
29	和歌山市	和歌山県	364,154
30	奈良市	奈良県	360,310 ◎
31	川越市	埼玉県	351,829
32	高槻市	大阪府	350,745
33	越谷市	埼玉県	350,237
34	いわき市	福島県	340,973
35	大津市	滋賀県	339,605
36	前橋市	群馬県	337,498
37	郡山市	福島県	337,190
38	旭川市	北海道	336,154
39	高知市	高知県	335,444
40	那覇市	沖縄県	319,435
41	秋田市	秋田県	315,814
42	久留米市	福岡県	304,552
43	明石市	兵庫県	297,631
44	盛岡市	岩手県	294,247
45	福島市	福島県	293,409
46	青森市	青森県	287,648
47	八尾市	大阪府	268,800
48	下関市	山口県	268,517
49	函館市	北海道	265,979
50	佐世保市	長崎県	255,439
51	八戸市	青森県	231,257
52	呉市	広島県	228,552
53	松江市	島根県	206,230
54	鳥取市	鳥取県	193,717
	平均		**381,913**

※◎印の奈良市は、2021年度開設予定。

※ ：児相設置済み

【出典】中核市は総務省（2018年10月1日推計人口）、特別区は東京都HPより（2018年12月1日時点）

■特別区人口

	区名	人口		区名	人口
1	世田谷区	930,331	13	中野区	338,704
2	練馬区	735,800	14	豊島区	300,658
3	大田区	734,813	15	目黒区	285,425
4	江戸川区	694,154	16	墨田区	267,050
5	足立区	680,924	17	港区	257,017
6	杉並区	580,696	18	渋谷区	231,764
7	板橋区	579,054	19	文京区	231,231
8	江東区	516,043	20	荒川区	217,677
9	葛飾区	453,290	21	台東区	206,220
10	品川区	404,559	22	中央区	161,798
11	北区	352,506	23	千代田区	63,403
12	新宿区	348,094		**総数**	**9,571,211**
				平均	**416,139**

保護された児童の養護施設での入所期間

異常とも言えるほどに長期にわたって施設で過ごす児童があまりに多い。

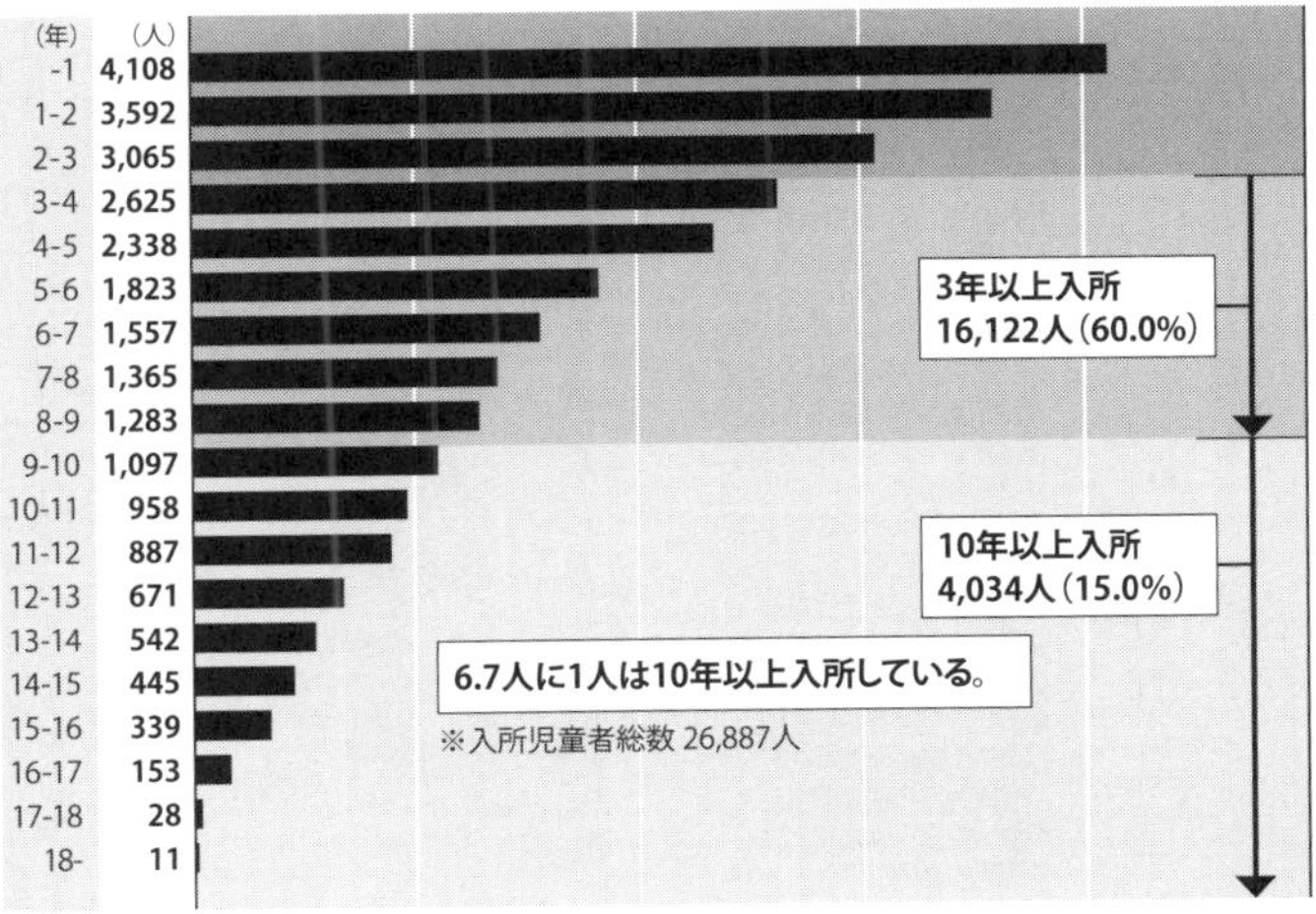

【出典】厚生労働省

都道府県別の里親等委託率

4章 119頁

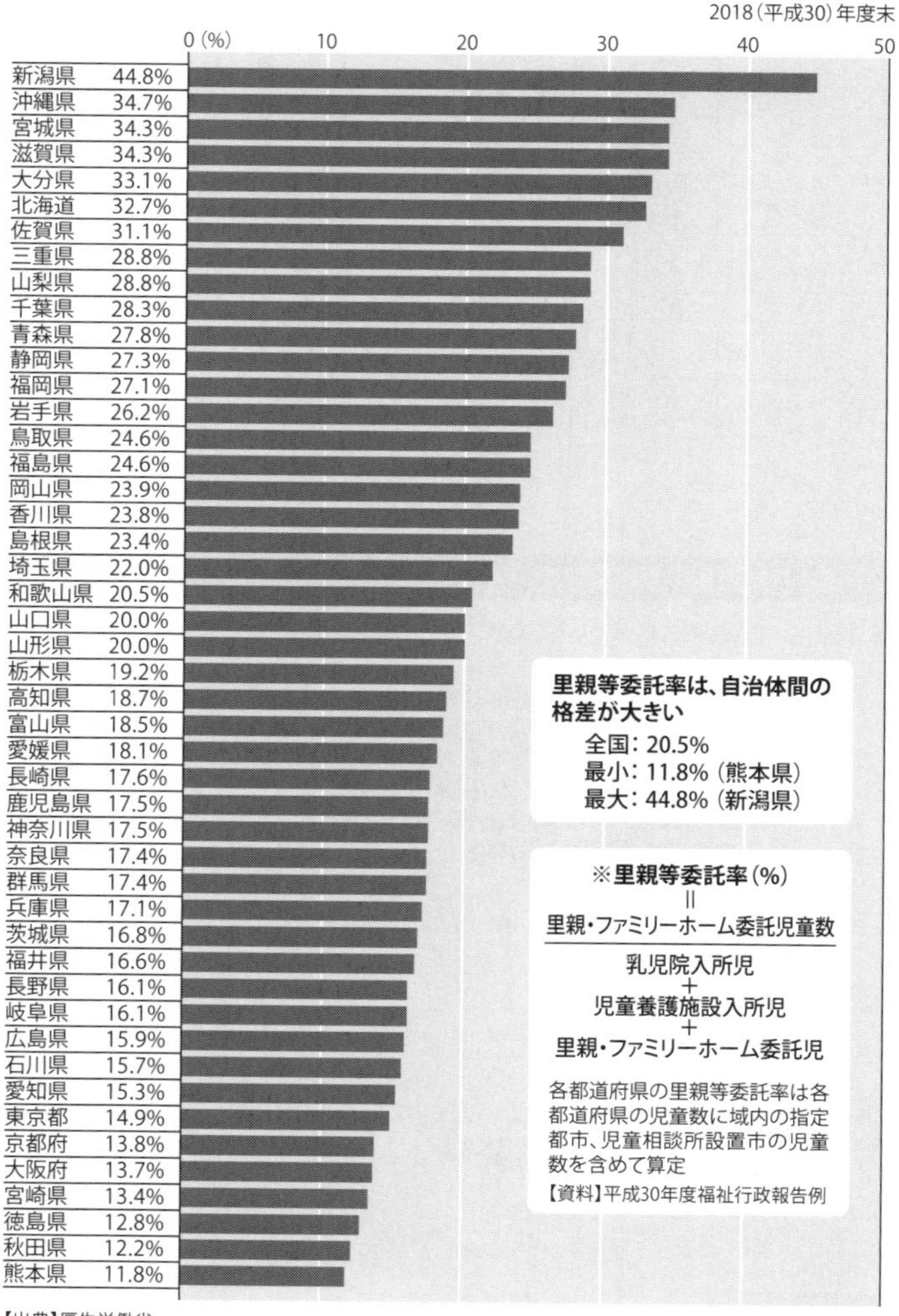

【出典】厚生労働省

里親委託率の主要国比較

1章21頁

欧米主要国では、保護された児童の受け入れ先は概ね半数以上が里親委託であるのに対し、日本では欧米主要国と異なり、「施設：里親」の比率は「8：2」となっており、施設養護への依存が高い現状にある。

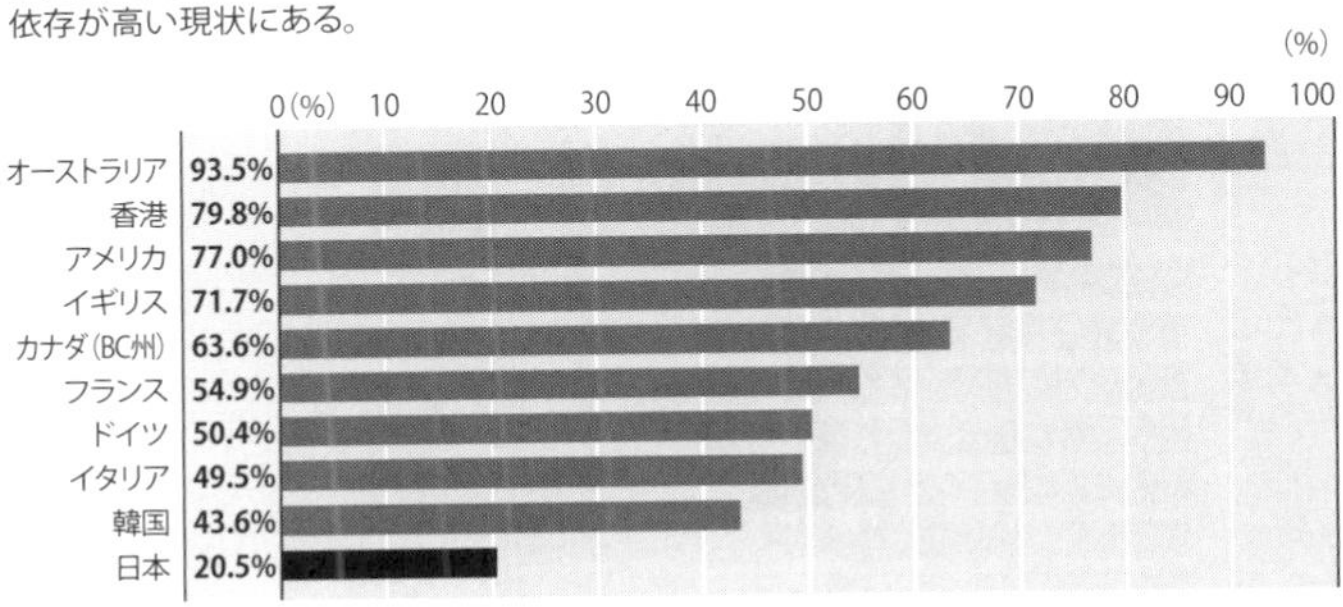

※データは2010年前後、日本のみ2019年3月末　※里親の概念は諸外国によって異なる。

【出典】厚生労働省資料を一部塩崎恭久事務所で修正　※「家庭外ケア児童数及び里親委託率等の国際比較研究」主任研究者開原久代（東京成徳大学子ども学部／平成23年度厚生労働省科学研究「社会的養護における児童の特性別標準的ケアパッケージ：被虐待児を養育する里親家庭の民間の治療支援機関の研究」）

人口に占める「特別養子縁組」の割合

5章 171頁

国名	人口（百万人）	成立件数	人口10万人当たり件数
アメリカ	314	119,514	**38.0**
イギリス	56	4,734	**8.44**
フランス	62	3,964	**6.41**
ドイツ	81	3,805	**4.69**
日本	127	616	**0.48**

※各国のデータは、ドイツが平成26年 、フランス：平成19年 、イギリス：平成23年 、アメリカ：平成24年 、日本は平成29年の調査資料による。
※イギリスはイングランドとウェールズのみの数字。

【出典】厚生労働省資料より塩崎恭久事務所作成

「社会的養護の課題と将来像」に基づく都道府県の達成目標

2011年策定の「社会的養護の課題と将来像」に基づく都道府県が設定した達成目標：2015（平成27）年4月スタートは、目標とする「本体施設」：「グループホーム」：「里親等」が各1/3をなぞったものの、施設優先のものだった。

2016（平成28）年3月

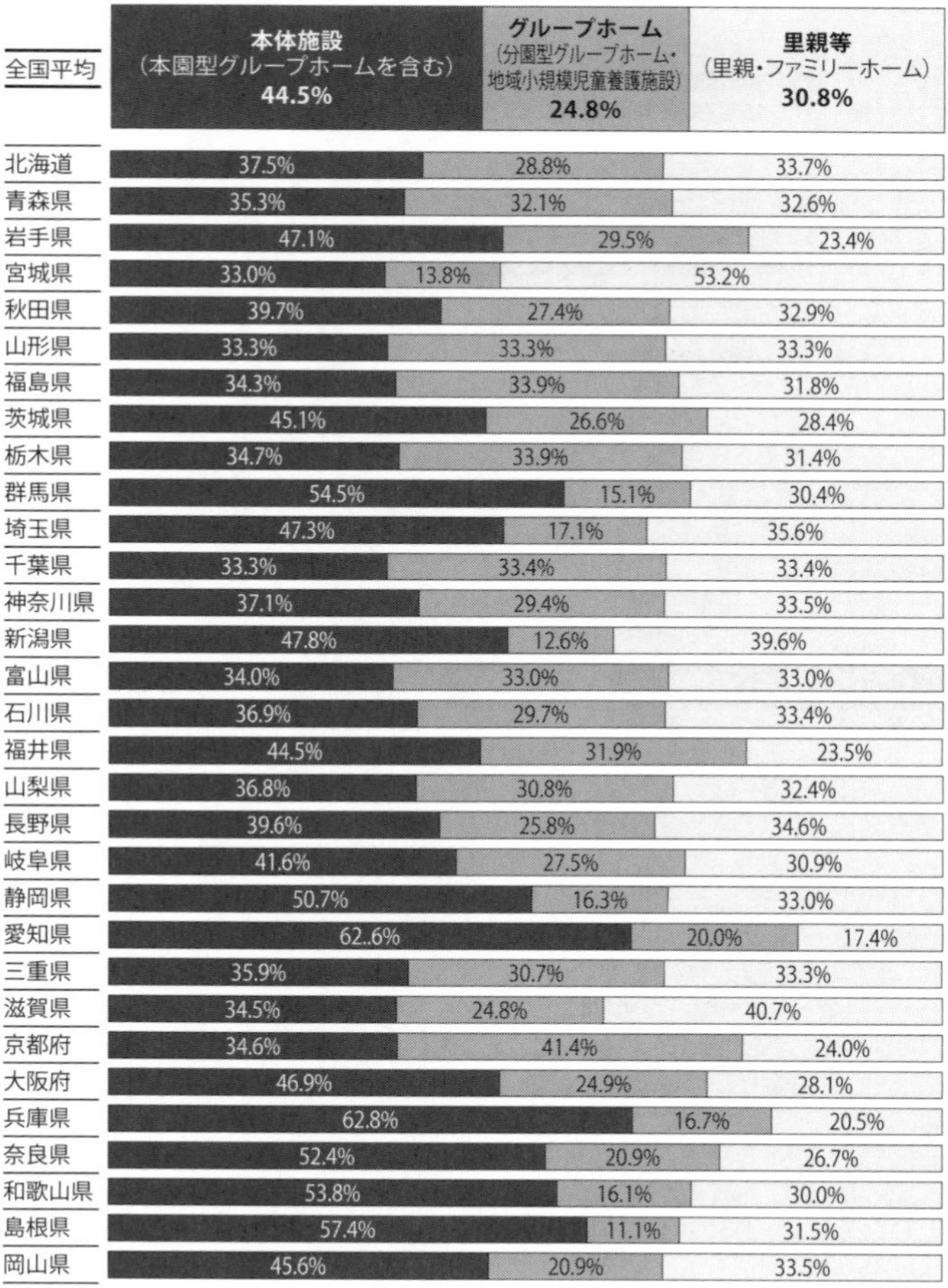

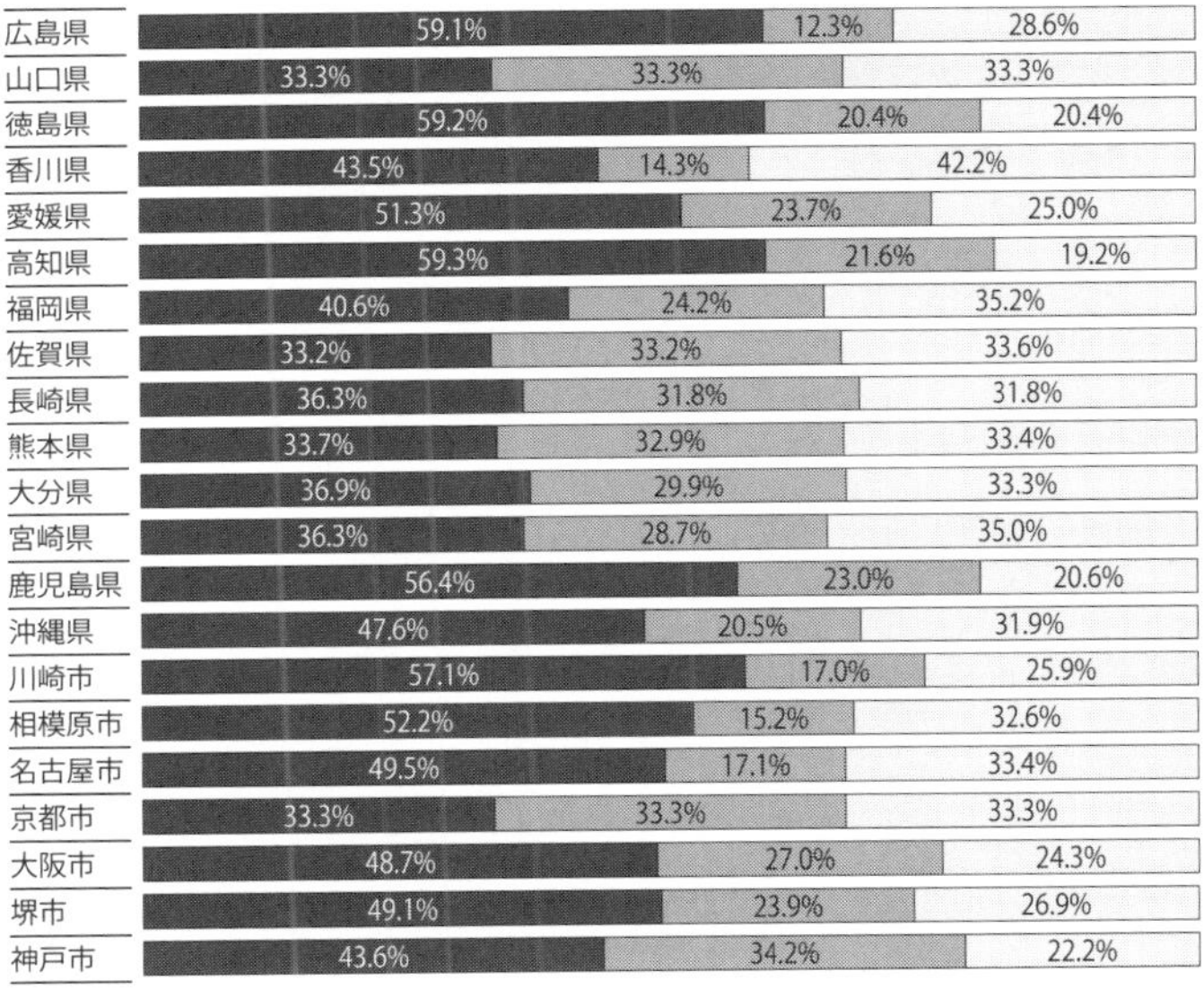

■本体施設児童の割合 ＝ 本体施設入所児童（本園型グループホーム） ／ 児童養護施設児童数＋乳児院児童数＋里親・ファミリーホーム児童数

▨グループホーム児童の割合 ＝ 分園型グループホーム児童数＋地域小規模児童養護施設児童数 ／ 児童養護施設児童数＋乳児院児童数＋里親・ファミリーホーム児童数

□里親等委託児童の割合 ＝ 里親・ファミリーホーム児童数 ／ 児童養護施設児童数＋乳児院児童数＋里親・ファミリーホーム児童数

※東京都はグループホームと里親・ファミリーホームの合計を60.0%（2,248人）、鳥取県は本体施設とグループホームの合計を67.2%（133人）、横浜市は本体施設とグループホームの合計を70.0%（636人）、横須賀市は本体施設とグループホームの合計を66.7%（120人）と定めているため全国計から除く。
※静岡県の数値は、各施設の家庭的養護推進計画の数値を積み上げたもので、県の目標割合とは異なる。県の目標割合は「将来的に、本体施設、グループホーム、里親・ファミリーホームが需要量の概ね1/3ずつを受け入れられるような受け皿となることを目指す」としている。
※小数点以下第2位を四捨五入し表記しているため、合計が100%にならない場合がある。

【出典】厚生労働省

「新しい社会的養育ビジョン」の数値目標および期限

3章 104頁

現状

624件/年
2018（平成30）年

20.5%
2019（平成31）年3月

「社会的養護の課題と将来像」（2011年7月）

【家庭的養護】 ●里親 ●ファミリーホーム	今後十数年をかけて、 **概ね1/3**
【できる限り家庭的な養育環境】 ●小規模グループケア ●グループホーム	今後十数年をかけて、 **概ね1/3**
【施設養護】 ●児童養護施設 ●乳児院等（児童養護施設はすべて小規模ケア）	今後十数年をかけて、 **概ね1/3**

「社会的養護（代替養育）を必要とする子ども数」の考え方の相違点

…18歳未満人口の**1割縮小**が見込まれており、**これと同様の推移を見込む**か、（略）、少なくとも**対象児童は減少しないと見込む**ことが考えられる。

児童養護施設の規模別内訳（小規模かつ地域分散化の状況）

4章 120頁

■入所児童数ベース（児童養護施設数602ヵ所）

2017（平成29）年10月

	入所児童総数	敷地内施設				小規模かつ地域分散型施設（「できる限り良好な家庭的環境」）		
			大舎等	「小規模グループケア」			分園型	地域小規模児童養護施設
				「施設内ユニット型」	「別棟」			
人数（構成比：%）	**26,265（100.0）**	**23,281（88.6）**	**15,245（58.0）**	**6,258（23.8）**	**1,778（6.8）**	**2,984（11.4）**	**789（3.0）**	**2,195（8.4）**

【出典】厚生労働省

「新しい社会的養育ビジョン」(2017年8月)

①【家庭】●実父母や親族等

②【家庭における養育環境と同様の養育環境】

特別養子縁組 成立数	概ね5年以内に年間1000人 以上、その後も増加
里親委託率	
3歳未満	**概ね5年以内に75%以上**
それ以外の就学前	**概ね7年以内に75%以上**
学童期以降	**概ね10年以内に50%以上**

③【できる限り良好な家庭的環境】
●小規模かつ地域分散型施設

【施設の新たな役割】
施設入所は、措置前の**一時的な入所**に加え、**高度専門的な対応**が必要な場合が中心。高機能化、多機能化を図り、地域で新たな役割を担う。

「社会的養護(代替養育)を必要とする子ども数」の考え方の相違点

…市区町村の支援の充実により、**潜在的ニーズが掘り起こされ、代替養育を必要とする子どもの数は増加する可能性が高い**ことに留意して計画を立てる。

【出典】厚生労働省「新しい社会的養育ビジョン」および「社会的養護の課題と将来像」より塩崎恭久事務所にて作成

「都道府県社会的養育推進計画の策定要領」【抜粋】

2018（平成30）年7月6日付局長通知

都道府県は国の目標を踏まえ、「数値目標」と「達成期限」を設定

４．項目ごとの策定要領

（５）里親等への委託の推進に向けた取組

②里親やファミリーホームへの委託子ども数の見込み

（計画策定に当たっての留意点）

iii

○国においては、

「概ね７年以内（３歳未満は概ね５年以内）に乳幼児の里親等委託率75％以上」、「概ね10年以内に学童期以降の里親等委託率50％以上」の実現に向けて、取組を推進する。

○都道府県においては、

これまでの地域の実情は踏まえつつも、

①子どもの権利や子どもの最善の利益はどの地域においても実現されるべきものであること、及び

②上述した数値目標を十分に念頭に置き、個々の子どもに対する十分なアセスメントを行った上で、代替養育を必要とする子どもの見込み等を踏まえ、**数値目標と達成期限を設定する。**

なお、数値目標の設定は、（中略）、児童相談所における「家庭養育優先原則」を十分踏まえたアセスメントの結果によって、子どもの最善の利益の観点から行われるものであって、里親等委託率の数値目標達成のために機械的に措置が行われるべきものではない。

○国としては、

必要な支援策を講じるとともに、委託率の引き上げの進捗と子どもの状況について丁寧にフォローの上、都道府県の代替養育を必要とする子どもの状況や里親等委託の取組状況を評価し、支援の在り方や進め方について検証する。進捗状況は、毎年、公表する。

各施設は、概ね10年程度で「小規模かつ地域分散化」を図る計画を策定

○施設の小規模かつ地域分散化、高機能化及び多機能化・機能転換に向けた取組

iii　児童福祉法第３条の２の規定に則り、「できる限り良好な家庭的環境」を確保すべきであり、

①質の高い個別的なケアを実現するとともに、

②小規模かつ地域分散化された施設環境を確保する（中略）。

○施設の新築、改築、増改築の場合

iv　（中略）今後計画される施設の新築や改築、増築の際には、小規模かつ地域分散化された施設の設置を優先して進めていくこと。

○本体施設ユニット化を経て独立する場合

v　(中略)大舎から小規模かつ地域分散化、高機能化及び多機能化・機能転換を進める過程で(中略)、

①本体施設から順次分散化施設を独立させていく方法や、

②過渡的に本体施設のユニット化を経て独立させていく方法

が考えられるが、どちらの場合にも、**概ね10年程度で地域分散化及び多機能化・機能転換を図る計画を、人材育成も含めて策定**すること。

過渡的にユニット化する場合でも

①同一敷地内での戸建て住宅型又はグループごとに独立した玄関のある合築型の施設内ユニットとするなど、生活単位を独立させるとともに

②地域社会との良好な関係性の構築を十分に行う（中略）。

vi　既存の施設内ユニット型施設についても、**概ね10年程度を目標に、小規模かつ地域分散化を進めるための人材育成計画を含めた計画を立てる。**（中略）

○例外

vii　小規模かつ地域分散化の例外として、ケアニーズが非常に高い子どもに専門的なケアを行うため、（中略）、生活単位が集合する場合もあり得る。このような場合（中略）、できるだけ少人数（将来的には４人まで）の生活単位とし、その集合する生活単位の数も大きくならない（概ね４単位程度まで）（中略）。そのため、厚生労働省としては、（中略）、安定的な財源の確保に向けて、最大限努力していく。

【出典】厚生労働省

「子ども家庭福祉士」(仮称)資格化へのカリキュラム案

[社会福祉士および精神保健福祉士との共通科目]

(時間)

合計時間		420
1	人体の構造と機能及び疾病	30
2	心理学理論と心理的支援	30
3	社会理論と社会システム	30
4	現代社会と福祉	60
5	地域福祉の理論と方法	60
6	福祉行財政と福祉計画	30
7	社会保障	60
8	低所得者に対する支援と生活保護制度	30
9	保健医療サービス	30
10	権利擁護と成年後見制度	30
11	障害者に対する支援と障害者自立支援制度	30

●社会福祉士 合計1200時間(共通科目420時間含む)

(時間)

指定科目(「共通科目」以外)		360
11	就労支援サービス	15
12	更生保護制度	15
13	児童や家庭に対する支援と児童・家庭福祉制度	30
14	高齢者に対する支援と介護保険制度	60
15	社会調査の基礎	30
16	相談援助の基盤と専門職	60
17	相談援助の理論と方法	120
18	福祉サービスの組織と経営	30
実習・演習		420
19	相談援助演習	150
20	相談援助実習指導	90
21	相談援助実習	180

●精神保健福祉士 合計1200時間(共通科目420時間含む)

(時間)

専門科目		390
11	精神疾患とその治療	60
12	精神保健の課題と支援	60
13	精神保健福祉相談援助の基盤(基礎)	30
14	精神保健福祉相談の基盤(専門)	30
15	精神保健福祉の理論と相談援助の展開	120
16	精神保健福祉に関する制度のサービス	60
17	精神障害者の生活支援システム	30
実習・演習		390
18	精神保健福祉援助演習Ⅰ	30
19	精神保健福祉援助演習Ⅱ	60
20	精神保健福祉実習指導	90
21	精神保健福祉実習	210

●子ども家庭福祉士（仮称） 合計1200時間（共通科目420時間含む）

（時間）

専門科目		390
11	子どもの権利と権利擁護	30
12	小児科学・児童精神医学・母子保健学	30
13	子どもの発達と心理	60
14	子ども家庭支援とケースマネージメント	30
15	子ども虐待と臨床	60
16	親・家族の社会心理的特徴の理解と支援	60
17	児童福祉・虐待防止に関する法制度	30
18	ファミリーソーシャルワーク論	30
19	子ども家庭福祉における社会的養育システム	30
20	治療的養育論	30
実習・演習		390
21	相談援助演習	90
22	子ども家庭福祉実習指導	90
23	子ども家庭福祉実習	210

【出典】西澤哲 山梨県立大学教授 作成資料より

児童福祉ケースワーカーの資格要件各国比較

国名	資格要件
米国	すべての州ごとに免許等の要件あり。
カナダ（オンタリオ州）	CAS（児童援助施設）所長は、社会福祉養成教育（2年間）、3年以上の児童福祉業務経験が必須。職員は、社会福祉士等が要件。
英国	ソーシャルワーカーの資格が原則必要（施設）。
スウェーデン	社会福祉事業に関する学士または同等の教育。
豪州（ニューサウスウェールズ州）	ソーシャルワーク、社会学、福祉等学位要件あり。
韓国	社会福祉士1級、または大学で児童福祉学等の専攻修了者。

【出典】厚生労働省資料より塩崎恭久事務所作成

平成30年4月16日(月) 朝日新聞 朝刊 35面

施設の子同士 潜む性暴力

三重県開示 9年間で111件

被害・加害 国が実態調査へ

児童福祉施設で暮らす子ども間の性被害・性加害について、厚生労働省が実態調査する方針を決めた。都道府県が件数などをつかんでいても、国に報告したり公表したりする仕組みがないためだ。三重県では2008～16年度の9年間に111件あったことがわかり、実態の一端が明るみに出た。児童養護関係者は対策を求めている。（編集委員・大久保真紀）

三重県のケースは、県が市民団体「みえ施設内暴力と性暴力をなくす会」（同県名張市）に開示したデータなどで明らかになった。

児童養護施設や児童自立支援施設などを合わせて児童福祉施設と呼ぶ。三重県によると、県内の児童福祉施設では、虐待などで親と暮らせない600人超の子どもが生活する。08～16年度の性被害に関わっていたのは被害者、加害者を合わせて計274人。平均すると年間に約12件、約30人が関わっていた。

12年度までの5年間の計51件については被害の概要も判明。関わったのは2～19歳の144人（男88人、女56人）で、キス、下半身を触る、性器をなめるなどのほか性交もあった。男子同士など同性間の行為や、3人以上によるものも少なくない。県子育て支援課の担当者は「少ないとは言えないが、内容に応じて行政も入って個別に対応している」と話す。

児童福祉法では、職員らによる子どもへの虐待は都道府県への報告が義務づけられ、公表されている。しかし、子ども間の暴力は報告義務がない。都道府県では性暴力を含む子ども間の暴力があれば施設側に報告を求めているが、「施設や子どもへの偏見や誤解を生みかねない」（東京都）などとして公表していない。

朝日新聞が都に情報開示請求をしたところ、都が報告を受けた子ども間の性的事故は、15年度63件、16年度74件、17年度は4～12月に60件あったことが判明。都の児童養護施設は63あり、約3千人が暮らす。都の育成支援課は「報告の基準は決まっていないので、あくまでも報告があったものの件数。かかわった人数や内容、年齢は開示できない」と説明する。

厚労省家庭福祉課の河尻恵・社会的養護専門官は「これまで積極的に触れてこなかったが、三重のケースなどが明らかになり、性暴力を含む子ども間の暴力についての実態把握の必要性が出てきた」と話す。直接施設を対象に調べるのか、都道府県を通じて実施するのかなど、調査方法を検討中という。

娘だけの問題ではない■誰にも話せなかった

三重県からデータを入手した団体は同県名張市の自営業、春日水鳥さん(42)が昨年9月につくった。

離婚後に体調を崩し、施設に預けた長女（当時7）が11～12年、同じ施設の少年（当時13）から下着を下ろされて下半身を押しつけられるなど、わいせつ行為を繰り返し受けたとして、13年に県と施設、少年に損害賠償を求めて提訴。昨年4月、津地裁が性被害を認め、少年の母親に180万円の支払いを命じた。

12年度までの性被害の実態は、津地裁の文書提出命令で開示された。その後の件数も県から入手した。春日さんは「長女だけの問題ではない。被害をなくすために活動したい」と話す。

「長女の性被害はたまたま起きたわけではないと思う。仕組みや制度を変え、真剣に取り組まないと、被害はなくならない」。黒塗りされて裁判に出された三重県の資料を手にする春日水鳥さん

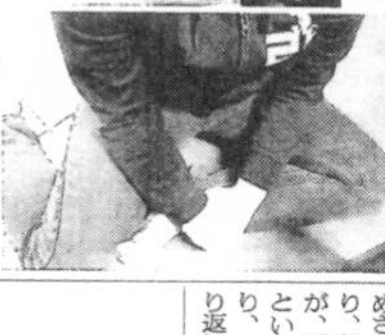

かつて被害に遭った20代の女性

この問題は、被害者が声をあげにくいこともあって表面化してこなかった。

小学生のころ児童養護施設に暮らしていた20代の女性は「年上の女子3～4人から裸にされ、写真を撮られた。抵抗すると殴られた」と話す。複数の男子中学生からも建物の陰などに連れて行かれ、下半身をなめさせられたり、触られたり、わいせつ行為を受けたが、だれにも話せなかったという。三重の裁判を知り、「自分と同じ被害を繰り返してほしくない」と涙ながらに語った。

市民団体「施設内虐待を許さない会」の竹中勝美・事務局長は「加害者がかつては被害者のことが多い。どこでも起きている問題で、まずは実態把握が必要。子ども間の暴力も法律で報告を義務づけるべきだ」と話す。

約600の施設からなる全国児童養護施設協議会の桑原教修・会長は「懸命に対応しているが、職員の専門性を上げる必要があり、いまの人員配置では不十分と言わざるを得ない」としている。

寄り添い、丁寧な対策を

臨床心理士として施設の子どもたちとかかわってきた西澤哲・山梨県立大学教授（臨床福祉）の話

背景には子どもの無力感や支配性がある。大人が子どもに寄り添い、丁寧にかかわっていくことしか対策はない。そのためには職員の質と量の向上と施設の小規模化が不可欠だ。加害者は被害体験のある場合がほとんどで、施設内で連鎖することも多い。加害者にも被害者としての面をケアしていく必要がある。難しい問題で、関係者はどう表に出せばいいかわからなかった。こうして一部が明らかになった以上、実態調査が必要だ。

養護関係施設における性的な問題 ①

■児童養護施設の「性暴力ネットワーク」

ある児童養護施設の入所児童35人中、33人がいわゆる「性暴力ネットワーク」に入っていた。ひと握りの力ある児童の行動ではなく、相互乱れて関係しているのが特徴的だ。

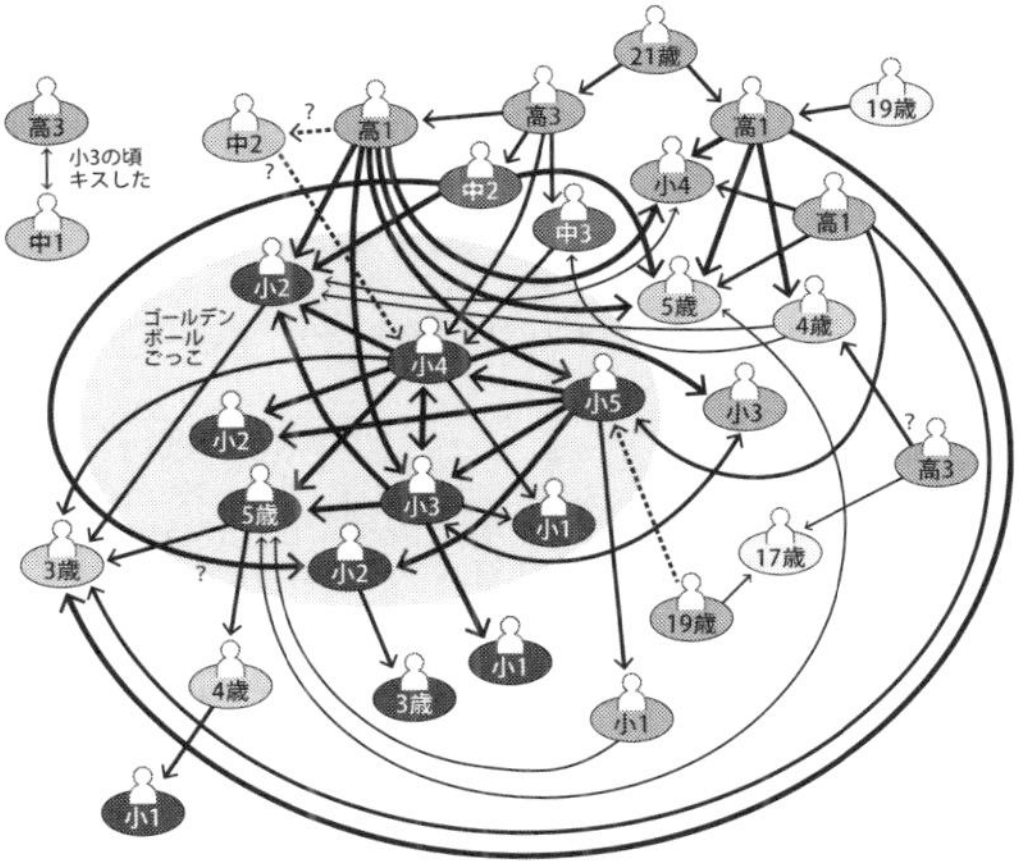

【出典】海野千畝子，杉山登志郎：性的虐待の治療に関する研究 その2「児童養護施設の施設内性的虐待への対応、小児の精神と神経」（日本小児精神神経学会）第47巻4号（2007年12月）より引用

■性的な問題等の内容（複数回答）

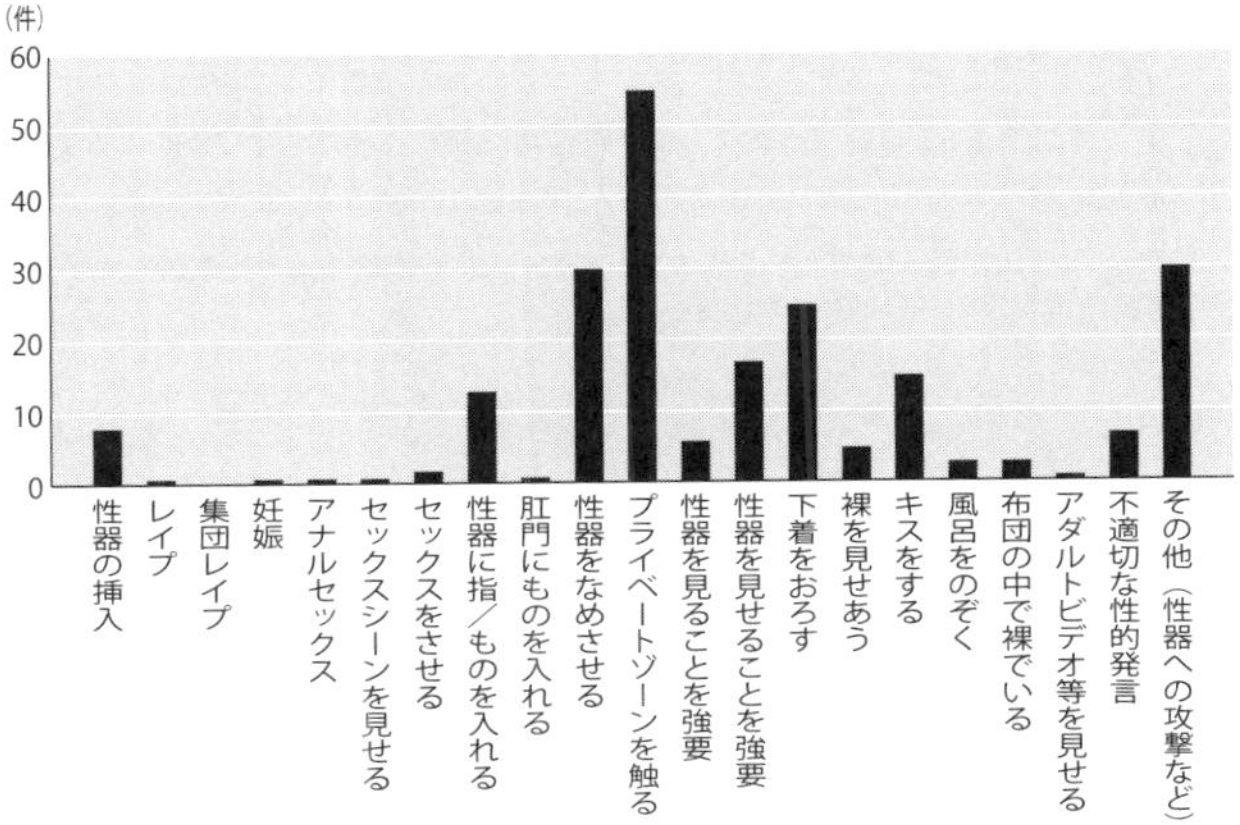

※調査対象児童は3歳~18歳の102名。

【出典】「S県児童養護施設における性加害児童の治療グループ調査研究班（2009年）」より抜粋

養護関係施設における性的な問題 ②　4章 122頁

■施設別発生件数(延べ件数)

(平成29年／回答率73.5%)

施設種別	児童養護施設	児童心理治療施設	児童自立支援施設	自立援助ホーム	母子生活支援施設	合計
件数	544件	60件	46件	15件	22件	687件
人数	1,005人	117人	77人	20人	61人	1,280人
回答数	445施設	37施設	50施設	83施設	148施設	763施設

■性的な問題が見られた事例の当事者となった子どもがいた養育(生活)単位について、養育(生活)単位の形態(延べ問題数ベース)

	施設敷地内	大舎(20人以上)	中舎(13~19人)	小舎(12人以下)	小規模グループケア(敷地内で行うもの)	分園型小規模グループケア(地域小規模児童養護施設含む)	無回答
児童養護施設(n=1,218)	1,148	372	264	234	278	67	3

■性的な問題等が生じた場所(複数回答)

	居室内	浴室	トイレ	施設内の庭や運動場等	施設内の左記以外の場所	施設外	その他	無回答
児童養護施設(n=544)	52.8%	12.3%	8.1%	8.5%	18.8%	14.2%	2.4%	0.2%

【出典】平成31年3月みずほ情報総研株式会社：平成30年度 厚生労働省委託事業「児童養護施設等において子ども間で発生する性的な問題等に関する調査研究」報告書より

児童虐待防止対策の今後の方向性

■取り組みの基本的な考え方
すべての子どもの健やかな成長・発達や自立等が保障されるよう、児童虐待防止に向けて発生予防から自立支援までの一連の対策を行う。

①児童虐待の発生予防・早期発見
②児童虐待発生時の迅速・的確な対応
③被虐待児童への自立支援

	令和元年	令和２年	令和３年	令和４年
国と地方との協議の場の開催(※) ※中核市等の児相設置促進、人材確保等の検討のため、WGを設置。	8月2日▼ ←協議の場------	------	------	------→
体罰禁止	9月3日▼ ←検討会→	周知　施行		
職員の資格の在り方その他資質の向上策の検討	9月10日▼ ←資質向上WG	——→	施行後1年	
一時保護等の手続きの在り方の検討	←実態把握→	←検討の場→	施行後1年	
子どもの権利擁護に関する検討	←調査研究→ 12月19日▼	←施設等でのモデル実施 ←権利擁護WT等	——→ ——→	施行後2年
民法「懲戒権」の検討（法務省）	6月20日▼ ←法制審議会------	（中間試案・パブリックコメント） ------	------→	施行後2年

【出典】厚生労働省

児童虐待防止対策及び社会的養育の予算の抜本的拡充を求める決議（平成30年8月29日）

平成二十八年に児童福祉法等の一部を改正する法律が全会一致で成立し、子どもが権利の主体であることを位置づけるという大きな視点の転換がなされるとともに、子どもの家庭養育優先原則が明記された。さらに、改正児童福祉法を具現化する「新しい社会的養育ビジョン」に基づいた「都道府県社会的養育推進計画の策定要領」（以下、「策定要領」）が、本議連との合意の後、本年七月六日付局長通知として発出され、ここにわが国子ども家庭福祉のパラダイム転換が全都道府県でスタートすることとなった。

こうした流れの中で、平成三十一年度予算は、当該「策定要領」に基づいた全ての項目が、都道府県において実現されるべき最初の年度になることに鑑みて、従来の予算を抜本的に見直した予算編成とすべきである。

一方で、「策定要領」の議論を行っている最中に発生した東京都目黒区の五歳の女児虐待死亡事件など死亡事例が後を絶たない状況にある。このことは、児童虐待防止対策のさらなる強化が必要であることを示しており、「児童虐待防止対策の強化に向けた緊急総合対策」に基づく児童相談所・市町村等の体制強化は優先して実現すべきものである。

また、里親等の委託率については、全国平均で二割弱に留まり、伸び率も毎年一％程度と低く、自治体間格差も大きい状況となっているなど、家庭養育優先原則が徹底されているとは言い難い。さらに要保護児童の多くが保護、支援を必要としながら家庭内に取り残されていると推察されることも踏まえると、一時保護解除の際の医療機関との連携強化等を含め、広範な改革を同時かつ迅速に進める必要がある。

「経済財政運営と改革の基本方針二〇一八」（平成三十年六月十五日閣議決定）において、児童虐待防止対策をはじめとする社会的養育を「迅速かつ強力に推進する」と明記されている。

ついては、当議連として、以下の事項についての予算の抜本的拡充を政府に対して強く求める。

一、「都道府県社会的養育推進計画の策定要領」の各項目の実現を図るために必要となる以下の事項の確実な実現

・「訪問アドボケイト」など子どもの権利を代弁する方策に対する予算措置および子どもの権利擁護に関する仕組みの構築

・市町村における子ども家庭総合支援拠点の設置促進

・児童家庭支援センターの機能強化

・民間フォスタリング機関への充分な予算措置

・特別養子縁組制度を必要とする子どもが全て利用可能とする民法改正の迅速な実現および養子縁組支援体制の強化
・職員と子どもとが、例えば、一対一以上の配置基準とするなど、手厚いケアが可能となる児童養護施設等の小規模かつ地域分散化の推進
・ケアニーズが非常に高い子どもに専門的なケアを行う高機能化施設等における職員配置基準の抜本的強化
・施設が行う家庭養育支援に対する、在宅支援措置費の創設など充分な予算措置
・既存の一時保護所の小規模化および環境改善に向けた改築にかかる予算措置、および小規模化された一時保護所および一時保護専用施設の職員の配置基準の抜本的強化

二、「児童虐待防止対策の強化に向けた緊急総合対策」（平成三十年七月二十日）に基づく児童相談所・市町村の体制強化をはじめとする児童虐待防止対策の強化

・児童福祉司の専門性の強化
・児童相談所の弁護士・医師等の専門職配置の促進強化
・中核市、特別区における児童相談所設置の促進強化
・市町村職員および市町村が設置する子ども家庭総合支援拠点に関わる人件費にかかる予算措置の強化
・子ども家庭福祉に関わる市町村職員および児童家庭支援センター職員に対する研修の法定化および研修機能の強化
・フォスタリング機関、一時保護所および児童養護施設等の代替養育に従事する職員を対象とした研修機関の新設と研修機能の強化
・児童相談所および一時保護所を評価する機関の創設

以上決議する。

平成三十年八月二十九日

自由民主党「児童の養護と未来を考える議員連盟」

児童福祉法等の抜本的改正を求める決議（平成31年2月12日）

昨年三月の目黒区での児童虐待死事件の際、政府を含め、皆が二度と同様の事件が繰り返されないよう、児童虐待防止対策強化を誓い合った。しかし、再び親による悲惨な虐待死事件が千葉県野田市で発生、政府は関係閣僚会議において、昨年七月の「緊急総合対策」の更なる徹底・強化を行う事としている。

しかし、今こそこれまでの小出し、逐次投入的対策の繰り返しから脱し、これまでになかった、真に子どもの権利を守り、健全な養育環境確保に繋がる体制構築に資する児童福祉法等の抜本的改正を行わねばならない。

例えば、野田市の事件において、柏児童相談所所属の児童福祉司における社会福祉士等の福祉資格者割合が全国平均よりも高かったにも関わらず、児童相談所が子どもの権利を保護することよりも、保護者の主張に従い、その関係性を優先させるという、これまで何度も繰り返されてきた児童福祉司等の専門性の欠如を背景に虐待死が起きたことは、既存の児童福祉司の専門性の水準自体に課題があることを明確に示している。また、法律や医学の専門家が児童相談所内部に常駐せず、意思決定プロセスに関わらなかったことが、加害親への不適切な対応が乱発されたことの原因の一つと思われる。

この間、柏児童相談所の管轄人口が一三〇万人を超えるという、欧米では考えられない児童保護の網の目の粗さの下で、学校、保育園、幼稚園等の行政を行う基礎自治体が児童相談所を自ら設置することによる、子ども関連組織間連携メリットを活かすという発想からは程遠く、かかる組織同士の構造的に希薄な関係を放置し続けたことも大きな問題。

こうした数々の問題の深刻さを考えれば、これまでの「対策」の延長線上の対応では全く事態の改善が見込まれず、根源的な改革が急務であることは明らか。

関係閣僚会議において安倍総理は、「子供の命を守ることを最優先に、あらゆる手段を尽くし、やれることはすべてやるという強い決意で…総力を挙げて取り組んで」欲しい旨、関係閣僚に訴えた。今こそ理に適わぬ「大人の論理」に基づく如何なる抵抗や慎重論も排し、「子どもの命と権利」を守ることを最優先にした、下記の児童福祉法等の改正を早期に実現することを政府に強く要望する。

一、児童福祉司の専門性強化のため、改正法附則において、子ども家庭福祉業務に従事する者の国家資格（「子ども家庭福祉士〈仮称〉」）創設を明記すること。
二、平成二十八年改正法で規定した弁護士及び医師の配置については、常勤配置を義務とすることを法文上明確にすること。
三、全国の中核市、特別区には児童相談所を必置とする旨、法文上明確にすること。
四、虐待対応・子どもの保護（protection）を行う使命、役割が児童相談所にあることを改正法に明記するとともに、本機能を専任とする部署の設置を法文上明確にすること。
五、二〇二二年までの、すべての市区町村への子ども家庭総合支援拠点の設置が、できる限り早期に実現するよう、政府が市区町村を支援することを附則に明記すること。
六、行政機関から独立した、児童の意見を代弁する制度（アドボケイト制度）及び審査機関について、可及的速やかに法制化すること。
七、一時保護所が、子どもにとって安心・安全な場として心身の傷を癒し、教育権を含めた子どもの権利が守られ、本来の自己、意見が表現できる場となるための環境改善及び体制強化を早急に図ること。
八、子どもに対する体罰等（体罰及び暴言等）を禁止する旨を、今次法改正において法文上明確にすること。併せて、体罰を禁止するため、民法八二二条の在り方について、法務省において可及的速やかに本格的検討を開始し、早期に結論を得ること。

以上決議する。

平成三十一年二月十二日

自由民主党「児童の養護と未来を考える議員連盟」
超党派「児童虐待から子どもを守る議員の会」

「児童の養護と未来を考える議員連盟」（自民党）、「児童虐待から子どもを守る議員の会」（超党派）開催状況

（2018年11月8日より超党派議連と合同開催）

日時	議題	講師
2017年		
12月7日	「新しい社会的養育ビジョンについて」	奥山眞紀子「新たな社会的養育の在り方に関する検討会」座長 松本伊智朗「新たな社会的養育の在り方に関する検討会」副座長
12月13日	「平成30年度特別養子縁組あっせん事業に係る予算案」について	駒崎弘樹 認定NPO法人フローレンス代表理事
1月23日	「都道府県計画の見直し要領（骨子案）」について	
2018年		
2月13日	「乳児院多機能化・機能転換の実践」	丸山充 うえだみなみ乳児院院長
	「改正児童福祉法が示す新たな枠組みにおける官民協働の取り組み ―子どもの最善の利益を保障する永続的解決に向けて」	上鹿渡和宏 長野大学社会福祉学部教授
2月20日	「質の高い里親ケアを目指して―フォスタリング機関のあるべき姿」	藤林武史 福岡市こども総合相談センター所長
3月7日	「フォスタリング機能構築、施設の高機能化・多様化」について	渡邊守 キーアセット代表理事（奥山先生、上鹿渡先生）
3月14日	「特別養子縁組と里親養育について」	ロング朋子 一般社団法人ベアホープ代表理事
3月22日	「全国児童養護施設協議会、全国乳児福祉協議会からのヒアリング」	桑原教修 全国児童養護施設協議会会長 平田ルリ子 全国乳児福祉協議会会長
3月27日	「子どもの幸せを願って ―『こうのとりのゆりかご』と24時間電話相談」	蓮田太二 医療法人聖粒会慈恵病院理事長／院長

4月11日	「日本の国力を強める虐待防止&育児支援を目ざして」	鮫島浩二 さめじまボンディングクリニック院長
4月20日	「自治体からのヒアリング」	鈴木英敬 三重県知事 大阪府 福祉部子ども家庭局
5月10日	「自治体からのヒアリング」	泉房穂 兵庫県明石市長
5月15日	「海外と日本におけるフォスタリング機関の実践について」	Mr. Steve Jacques, Key Assetsヨーロッパ・北米地区CEO 渡邊守 キーアセット代表理事
5月17日	「都道府県社会的養育推進計画の策定要領（案）について」	
5月29日	「児童養護施設における子ども間性暴力等の現状と対策」	西澤哲 山梨県立大学教授
5月30日	「里親委託率75％都道府県別試算および里親意向調査結果」	高橋恵里子 日本財団ソーシャルイノベーション本部 福祉特別事業チームチームリーダー
6月13日	「目黒女児虐待死事件について」	奥山眞紀子「新たな社会的養育の在り方に関する検討会」座長
6月22日	「虐待死亡事例の検証の在り方について」	山田不二子 日本子ども虐待医学会事務局長（理事兼任）
6月29日	「都道府県社会的養育推進計画の策定要領（案）について」	
7月12日	「児童相談所の在り方について」	大久保真紀 朝日新聞編集委員
7月20日	「『日本子ども虐待防止学会』及び『日本子ども虐待医学会』の提言等について」	奥山眞紀子 日本子ども虐待防止学会理事長
8月29日	「警察との情報共有と児童相談所常勤弁護士の必要性」	久保健二 福岡市こども総合相談センターこども緊急支援課長
10月24日	「新しい特別養子縁組制度に望むこと」	岩﨑美枝子 公益社団法人家庭養護促進協会理事
11月8日	「子ども虐待による死亡事例等の検証結果等について」	山縣文治 児童相談所改革等WG座長、西澤哲 山梨県立大学教授
11月29日	「児童虐待防止対策の更なる強化を」	泉房穂 兵庫県明石市長

日時	議題	講師
11月30日	「児童ソーシャルワークと社会的養護（養育）／虐待防止」—戦後英国の到達点から日本の現状への示唆	津崎哲雄 京都府立大学名誉教授
12月5日	「児童相談所の常勤弁護士 —その実態と必要性について」	川村百合 東京弁護士会弁護士 橋本佳子 名古屋市中央児童相談所常勤弁護士
12月13日	「子ども最前線 —目黒区虐待死を防ぐ児相と市区町村の関係への提言」	鈴木秀洋 日本大学危機管理学部准教授
12月14日	「児童福祉司の国家資格化について」	和田一郎 花園大学社会福祉学部児童福祉学科准教授
2019年		
1月29日	「子ども虐待対応の専門性の向上に向けて／子ども家庭福祉領域の新たな国家資格の創設の必要性」	西澤哲 山梨県立大学教授
2月7日	「子どもの体やこころを傷つける罰のない社会を目指して —子どもに対する体罰等禁止の法改正に向けて」	千賀邦夫 セーブ・ザ・チルドレン・ジャパン専務理事 西崎萌 国内事業部子ども虐待の予防事業担当オフィサー
2月12日	「子ども虐待と脳科学—アタッチメント（愛着）の視点から」	友田明美 福井大学こころの発達研究センター教授
2月14日	「奈良市における児童相談所設置の取組状況について」	仲川げん 奈良市長
2月15日	「中核市における児童相談所の設置について」	伊東香織 倉敷市長、稲村和美尼崎市長
2月20日	「児童虐待を早急に根絶するために —子ども家庭領域におけるソーシャルワークの重要性」	西島善久 日本社会福祉士会会長
2月22日	「虐待対応における医療機関の役割及び多機関連携について」	木下あゆみ 四国こどもとおとなの医療センター小児アレルギー内科医長

3月8日	「中核市等における児童相談所設置の意義と展望 ―わが自治体の子どもはわが自治体が守る」	川並利治 金沢星稜大学人間科学部教授
3月20日	「豪州における児童保護に関する国家戦略と情報共有システム(Citizen Intelligence Platform)について」	Lucille Halloranパートナー(EY政府・公共部門アジア太平洋地域責任者) 伊澤賢司 パートナー(EY新日本有限責任監査法人政府・公共部門日本地域責任者)
4月12日	「社会的養護の概観と一時保護」について	慎泰俊 認定NPO法人Living in Peace創業者
6月19日	「札幌市女児虐待死事件について」	奥山眞紀子 日本子ども虐待防止学会理事長
8月2日	厚労省からの報告	
10月17日	「子どもの意見を聴き、子どもの権利を擁護する ―改正児童福祉法 附則第7条第4項を考える」	佐藤智洋 ユース当事者 永野咲 昭和女子大学人間社会学部 福祉社会学科助教授
11月13日	「子どもの権利擁護制度構築に向けて ―世界各国の子どもコミッショナー制度とは」	大谷美紀子 国連子どもの権利委員会 委員 弁護士 堀正嗣 熊本学園大学 社会福祉学部 福祉環境学科 教授
11月19日	令和元年児童福祉法等改正法により行うことになった期限付き検討事項および「子ども家庭情報共有システム」等について	
12月5日	「英国における子ども・家庭ソーシャルワーカーの資格と育成」	増沢高 子どもの虹情報研修センター研修部長
12月17日	「子どもコミッショナーが子どもの権利擁護に果たす役割」	ブルー・アダムソン スコットランド子どもコミッショナー 笹川陽平 日本財団会長
12月18日	厚労省からの報告	
2020年		
2月5日	「野田市児童虐待死亡事例検証報告書」について	鈴木秀洋 日本大学危機管理学部准教授

日時	議題	講師
2月7日	厚労省からの報告（①都道府県計画の策定状況、②令和二年度予算等）	
2月19日	「中核市が児童相談所を設置するために乗り越えなければならないハードル」	秋山浩保 柏市長
3月6日	「里親委託を進めていくために必要なこと」	瀬里徳子 福岡市こども総合相談センターこども支援課里親係 高橋恵里子 日本財団公益事業部国内事業開発チームチームリーダー
3月24日	「都道府県計画策定期限の延長に関する緊急要請について」	土井香苗 弁護士（NGOヒューマン・ライツ・ウォッチ理事）
	「里親等委託率をどう上げるか　知事としての経験から」	古川康 衆議院議員（元佐賀県知事）
	「養育里親として」	ホッブス美香、吉成麻子

あとがき

２０１９年の児童福祉法等改正法案の党内承認手続きの際、私たちは改めて中核市への児童相談所必置化を強く求め、党内での対立が際立ったが、その議論が一段落した後、ある若手国会議員が私の事務所を訪ねて来た。

「塩崎先生は、どうして児童の養護、社会的養育問題という、通常、政治家があまり関心をもたない課題にそこまでエネルギーを投入するのですか？」

彼の質問には意表を突かれた。しかし多くの政治家から見れば、それは当然の疑問だったのかもしれない。「なぜ、票にもカネにもならないことに、ここまで時間とエネルギーを費やす必要があるのか」と率直に指摘する親しい同年代の議員もいた。しかし、この裏にある私の問題意識が、より多くの議員に共有されない限り、子どもの社会的養育問題を本格的に前に進める政治的エネルギーは潰えてしまうだろう。

私がこの問題にこだわる理由は大きく3点ある。
まず第一に、何と言っても子どもこそが日本や世界の未来を創り、新たな社会を担っていくからだ。政治は、子どもたちを通じて未来を切り拓く責任を負っている。

第二に、その子どもたちは、「家庭の愛」によってのみ健全に育つ。だから、より良い家庭環境を、それが叶わないなら、それに準じた最良の家庭と同様の環境をできるだけ多くの子どもたちに用意することが政治の使命だからだ。

第三に、政治が動かない限り、子どもの望ましい養育環境は、社会の隅々にまで浸透した前提条件にならないからだ。子どもたちの声はいつも「声なき声」であり、われわれに直接政策陳情をすることはなく、大人がその声を正確に代弁しなければ、子どもたちの権利も養育環境も守られない。児童養護サービスを提供する側や、関連政策をつくる所管官庁の「供給者＝大人」優先の目線や論理に代え、「需要者＝子ども」優先の目線と論理を代弁する仕組みをどのようにしてつくるのか、そのためには大きな政治エネルギーと意志が絶対的に必要となるのだ。

私は1993年に衆議院議員に初当選以来、与野党双方を経験しながら、幅広い問題に真正面から取り組む機会に恵まれた。この間、科学技術基本法の議員提案、ビッグバンなど金融空洞化からの反転攻勢、不良債権処理等金融危機の克服、日銀法改正、「失われた10年」対策、医療観察法議員修正、犯罪被害者等基本法の議員提案、東日本大震災対応、国会事故調査委員会設置法・原子力規制委員会設置法の議員立法、コーポレートガバナンス・コード制定、そして3年間の厚生労働大臣の間のGPIF改革、医療・介護等各種社会保障制度改革、データヘルス改革、受動喫煙対策、地域共生社会創出改革、働き方改革、さらに社会的養育問題等児童福祉改革等々、多くの政策課題に関わる機会を得た。振り返ってみれば、私の政治キャリアの大半において、こうした票にもカネにもならない課題ばかりと格闘してきたように見えるかもしれない。

しかし、政治家にとって一番大事なことは、誰の言うことを聞き、誰のための政策を決めるべきなのか、という視座である。政治家なら誰しもが、「一番困っている人たち、すなわち、真に政策変更の恩恵に浴するべき人たちのための政策をつくることこそ、自らの使命だ」と答えるだろう。しかしながら問題は、「一番困っている人たち」とは誰なのかである。

かつて自民党政治は、「政官財の癒着構造」と批判され、「国民不在」の「供給者中心」の政策立案構造が幅を利かせることへ強い批判を受けた時期があった。業界利益と政策当局・監督官庁の都合が優先され、肝心の「需要者、消費者、患者、国民の願い」が後回しにされている、との指摘を受けた時代である。

われわれはこの反省を片時も忘れてはならない。かつての「供給者重視」の政治に先祖返りすることなく、「需要者重視」の目線もしっかりもつ政治に完全脱皮することこそが、われわれ政治家、とりわけ自民党の国会議員一人ひとりの責務だと思う。要保護児童の社会的養育問題への取り組みは、まさにこうした私の政治キャリアを通じた問題意識の必然の結果であると思っている。

2019年10月15日には、船戸結愛ちゃんの父親に懲役13年の判決が出され、翌年3月19日には、栗原心愛ちゃんの父親に、懲役16年の判決が下された。皆が涙した船戸結愛ちゃんの両親宛ての手紙だったが、このような手紙を二度と子どもたちに書かせてはいけない、と誰しもが事件発覚当時にそう確信したはずだ。しかし、今やこうした判決時に報道が行われるだけで、一向に進まない里親委託率の向上やそれを容認する杜撰な「都道府県計画」の惨憺たる状況、そして、こうした深刻な状況に往々にして寛大すぎる児童福祉法を所管する厚生労働省に関する報道が一部なされるだけだ、そして世論全般のこれらの問題に対する理解は相変わらず広まっておらず、きわめて限定的だ。

私もかつては、児童養護施設の立場からしか問題を捉えず、本来主人公であるはずの子どもたち、それも本来健全な養育を受ける権利をもつ子どもたちのための社会的養育、なかでもより良い代替養育としての特別養子縁組、里親などについての関心と努力が薄い時期があったのは事実である。しかし、この問題の本質への理解を深め、ここ数年の一連の法律や制度の抜本改革を国会の総意で重ねてきた。その重い事実を踏まえつつ、それら施策の社会実装という、もっともエネルギーを要する取り組みは、まさにこれからだとの覚悟を、今、新たにしている。

子どもたちのための長い闘い、すなわち、子どもたちを通じて日本や世界の未来や新たな社会を築き上げるための闘いに、本書を通じて一人でも多くの志ある方々が加わってくることを願っている。

令和2年6月

塩崎恭久

出版に寄せて

一般社団法人 日本子ども虐待防止学会　理事長
奥 山 眞 紀 子

すべての人にやさしい社会を

塩崎大臣が中心となって進めた2016年の児童福祉法の改正は、この分野に長く携わってきた私たちからみれば、「革命」と言えるほどの大きな変革の一歩でした。施設業界などが大反対するなか、行政だけに任せていたら間違いなく何十年かかっても難しいような根本的な政策哲学の転換をわずか1、２年で法律に書き込んでしまったのですから、現場の衝撃は非常に大きなものでした。

民間団体の主導で児童虐待の問題が認識されるようになった1990年代初頭には、戦後の孤児対策でつくられた児童相談所や児童福祉施設の利用率は低下傾向にあり、廃止論まで出る状態だったのです。新たな「虐待」という問題に、それまでの制度で立ち向かうには無理があったのですが、時の厚生省は児童相談所や児童福祉施設を抜本的に変えることなく、なんとか既存の制度を活用して対応していったのです。一方、政治家の方々も、当時は意識が低く、国連で採択された「子どもの権利条約」を１９９４年に日本が批准した際も、児童福祉法を含めてすべて法律で権利が担保されているとして、新たな法律を制定したり、既存の法律の抜本改正はしませんでした。

しかし、１９９０年代の終わりには、児童虐待の問題が社会問題として大きく取り上げられるようになり、政治家の方々の関心も高まり、２０００年に「児童虐待の防止に関する法律」が議員立法として制定されました。ただ、それは虐待への介入が主であり、子どもの養育全体に及ぶ革新的なものではなく、それまでの制度を踏襲した内容でした。それ以降も児童虐待の問題は大きくなる一方で、行政の担当者、児童相談所や養護施設の関係者、児童福祉の専門家等が問題点を洗い出し、意見交換を重ねましたが、重要な課題を先送りにされることも日常茶飯事で、一つひとつの対策を具体化するまで、気が遠くなるほど遅々とした歩みの連続でした。そうした状況で日本の児童養護の実態は世界の潮流から大きく遅れたものになっていきました。

国際的には、アタッチメント形成等に関する科学的検証により、少なくとも乳幼児期は家庭において特定の大人に養育されるべきであることが明らかになり、２００９年の国連総会において「児童の代替的養護に関する国連指針」が採択決議されました。そこでは、家庭および家庭支援の重要性が指摘されるとともに、家庭養育が困難な場合には安定した家庭が提供される永続的解決の必要性が指摘されています。それも困難な場合に代替養育が提供されるのですが、その際には、「3歳未満の児童の代替的養育は家庭をベースとした環境で提供されるべき」とされているように、施設よりも養子縁組や里親などの家庭をベースとした養育を基本とする指針が明記されています。

このような世界の流れから取り残された日本は、２０１０年、「国連子どもの権利委員会」から「親の養護のない児童を対象とする家族基盤型の代替的児童養育についての政策の不足」や「代替児童養護施設において広く虐待が行われているとの報告」に強い懸念を突きつけられたのです。

そうした勧告を受けていながら、２０１１年に厚生労働省で発出された「社会的養護の課題と将来像」においては、乳児でも年長児でも同様に、里親養育を代替養育の3分の1にするという10年後の控え目な目標が提示されました。しかも3分の1は、大舎制と呼ばれる集団養育を行うことを持続させた目標だったのです。つまり、施設業界への配慮からか、すべての乳幼児は家庭養育が必要であるという理念は実現されず、大人の都合に沿った遅々とした計画に留まったのです。

実は、私はその委員会のメンバーだったのですが、同じメンバーだった友人と、「いくら意見を言っても変わらない。何故、子どもに大切なことがわかっていても、日本は大きく変えることができないのだろう？」「革命が必要だろうけど、それは不可能なのだろうね」という話をしていたほどでした。

既得権益の抵抗を打ち破るには強い政治的意思が必須です。

例えば、イギリスでは一番大きな孤児院施設を運営していたNGOの代表であったロジャー・シングルトン卿が、「これではまずい」と判断し、児童養護改革の旗振り役になりました。わが国では、子どもの問題に信念をもって取り組んだ、時の厚生労働大臣 塩崎恭久という政治家のおかげで、２０１６年、「新たなこども家庭福祉に関する専門委員会の報告書」を受ける形で、ようやく「子どもの権利」、「子どもの最善の利益」、「家庭養育優先原則」の明文化という抜本的改革が提示され、その方向性に向けて司法関与も変わり、児童福祉法・民法が改正されました。

この改革は大きな理念の改革であり、「子ども革命」と言ってもよいものと思っています。

その後、目黒区と野田市での痛ましい虐待死事件があり、令和元年に体罰禁止を含む法改正がなされましたが、これらの法改正は、２０１６年改正での積み残しとも言えるものが多く、理念や方向性は２０１６年改正ですでに示されたものでした。附則に含まれる検討事項も、初期からの課題が並んでいると言っても過言ではありません。

ただ、実際には施策の具体化はまだまだ道半ばどころか、緒に就いたばかりで、変革への抵抗はこれから一層激しくなる危険性もあります。官僚の方々は優秀ですが、政治的な後押しがなければ、どうしても既得権益をもった人や組織や団体と、どううまく折り合いをつけるかという発想になり、子どもの立場が貫けなくなってしまいます。時計を逆回しさせず、この流れを一過性で終わらせないためには、大人の都合ではなく、子どもの側から考える多くの人々、特に議員などの社会をリードする方々の絶えざる関心と問題に向き合い続ける力が必要です。

改革を行い、法改正を行ったら後は関心がなくなる人が多い中で、塩崎元大臣が、つねに子どもの立場を考えられ、ご自身がなされた改革の成就に持続的に関心をもたれ、向き合っておられる姿には、さらに深い感銘を受けています。

本書は、当時の塩崎恭久厚生労働大臣が、どのように「子どもの革命」を成就したのか、その考え方、努力、戦いがつぶさにわかるドキュメントとして非常に貴重な資料です。もっとも重大な権利侵害である虐待から子どもを守るなど、声を上げることが困難な子どもたちの権利を守る制度を勝ち取ることは、大臣といえども容易なことではないことがよく理解できます。

本書ができるだけ多くの方に読まれ、一人でも多くの大人たちが、明日を担う子どもたちに優しい社会を創るための〝仲間〟となってくださることを期待しています。

子どもにやさしい社会はすべての人にやさしい社会ですから。

塩崎 恭久（しおざき やすひさ）

東京大学教養学科卒、ハーバード大学行政学大学院修士、日本銀行勤務を経て、衆議院議員（8期）、参議院議員（1期）。大蔵政務次官、衆議院法務委員長、外務副大臣、内閣官房長官・拉致問題担当大臣、厚生労働大臣、自由民主党・政調会長代理などを歴任。現在、自由民主党行政改革推進本部長、データヘルス推進特命委員長、税制調査会インナーメンバーを務める。その他、日米国会議員連盟（幹事長）、日タイ友好議員連盟（会長）、休眠預金活用議員連盟（会長）、土地家屋調査士制度改革推進議員連盟（会長）など。著書に「日本復活―『壊す改革』から『つくる改革』へ」（プレジデント社）、「『国会原発事故調査委員会』立法府からの挑戦状」、「ガバナンスを政治の手に―『原子力規制委員会』創設への闘い」（ともに東京プレスクラブ）など。

「真に」子どもにやさしい国をめざして

2020年7月1日　初版第一刷発行

著者 …………………………………… 塩崎恭久

発行所 ………………………………… 株式会社メタ・ブレーン
東京都渋谷区恵比寿南3-10-14-214　〒150-0022
Tel:03-5704-3919／Fax:03-5704-3457　振替口座 00100-8-751102

印刷所 ………………………………… 株式会社エデュプレス
東京都千代田区岩本町2-4-10　〒101-0032
Tel: 03-3862-0155／Fax: 03-3862-0156

ブックデザイン●増住一郎デザイン室

ISBN978-4-905239-58-1 C0031　Printed in Japan